# PITSA KOKAPAAMAT

100 RETSEPTI TÄIUSLIKE PITSADE
VALMISTAMISEKS KODUS

Rein Kuznetsov

## Kõik õigused kaitstud.

### Vastutusest loobumine

Selles e-raamatus sisalduv teave on mõeldud strateegiate terviklikuks kogumiks, mida selle e-raamatu autor on uurinud. Kokkuvõtted, strateegiad, näpunäited ja nipid on ainult autori soovitused ning selle e-raamatu lugemine ei garanteeri, et tulemused peegeldavad täpselt autori tulemusi. E-raamatu autor on teinud kõik endast oleneva, et pakkuda e-raamatu lugejatele ajakohast ja täpset teavet. Autor ja tema kaastöötajad ei vastuta võimalike tahtmatute vigade või väljajätmiste eest. E-raamatu materjal võib sisaldada teavet kolmandatelt isikutelt. Kolmandate osapoolte materjalid koosnevad nende omanike väljendatud arvamustest. Sellisena ei võta e-raamatu autor vastutust ega vastutust mis tahes kolmanda osapoole materjali või arvamuste eest. Kas Interneti arengu või ettenägematute muudatuste tõttu ettevõtte poliitikas ja toimetuslike esitamisjuhistes võib selle kirjutamise ajal faktina väidetu vananeda või hiljem kohaldamatuks muutuda.

E-raamatu autoriõigus on © 2024 , kõik õigused kaitstud. Selle e-raamatu tervikuna või osaliselt edasi levitamine, kopeerimine või sellest tuletatud teose loomine on ebaseaduslik. Selle aruande ühtki osa ei tohi mis tahes kujul reprodutseerida ega uuesti edastada ilma autori kirjaliku ja allkirjastatud loata.

# SISUKORD

**SISUKORD** .................................................................................................. 4

**SISSEJUHATUS** ........................................................................................ 8

**PITSA RETSEPTID** ................................................................................ 10

    1. GRILL-KANA PIZZA ............................................................................ 11
    2. VEISELIHA JA SEENEPITSA ............................................................. 15
    3. BROKKOLI JA JUUSTUKASTMEGA PITSA ....................................... 20
    4. BROKKOLI JA TOMATIKASTMEGA PITSA ....................................... 24
    5. PÜHVLI KANA PITSA ........................................................................ 28
    6. MANGOLDI JA SINIHALLITUSJUUSTU PITSA ................................. 32
    7. CHORIZO JA PUNASE PIPRA PIZZA ................................................. 36
    8. DELICATA SQUASHI JA MANGOLDI PITSA ..................................... 40
    9. PARDI CONFIT PIZZA ........................................................................ 44
    10. LIHAPALLIPITSA .............................................................................. 48
    11. MEHHIKO KREVETTIDE PIZZA ...................................................... 53
    12. NACHO PIZZA ................................................................................. 57
    13. HERNESTE JA PORGANDITE PIZZA ............................................... 61
    14. PHILLY CHEESESTEAK PIZZA ........................................................ 65
    15. POLÜNEESIA PIZZA ........................................................................ 69
    16. POT PIE PIZZA ................................................................................. 72
    17. KARTULI, SIBULA JA CHUTNEY PIZZA ........................................ 77
    18. PROSCIUTTO JA RUKOLA PITSA ................................................... 81
    19. RUUBENI PITSA ............................................................................... 84
    20. RÖSTITUD JUURTEGA PITSA ......................................................... 87
    21. VORST JA ÕUNAPITSA .................................................................... 92
    22. SHIITAKE PIZZA .............................................................................. 96
    23. SPINATI JA RICOTTA PIZZA ......................................................... 100
    24. RUKOLA SALATI PITSA ................................................................ 104
    25. AVOCADO 'N EVERYTHING PIZZA .............................................. 107

26. BBQ kanapitsa.................................................................110
27. BBQ maasikapitsa.............................................................112
28. Broccoli Deep Dish Pizza.....................................................114
29. Buffalo kana pizza pirukad...................................................119
30. California pitsa.............................................................122
31. Karamelliseeritud sibula pitsa...............................................126
32. Juust Calzone...............................................................129
33. Kirsi mandli pizza..........................................................132
34. Chicago stiilis pizza........................................................135
35. Deep-Dish Pizza.............................................................138
36. Hollandi ahjupitsa..........................................................141
37. Munasalati pizza koonused...................................................144
38. Viigimarja, taleggio ja radicchio pitsa.....................................147
39. Külmutatud maapähklivõi pitsapirukas........................................151
40. Grilli super pizza..........................................................154
41. Grillitud pitsa.............................................................156
42. Grillitud valge pitsa Soppressataga.........................................160
43. Grillitud köögiviljapitsa...................................................164
44. Mozzarella, rukola ja sidrunipizza..........................................167
45. Mehhiko pizza...............................................................171
46. Mini pizza bagelid..........................................................175
47. Muffuletta pizza............................................................177
48. Pannipitsa..................................................................180
49. Pepperoni Pizza Chili.......................................................185
50. Pesto pitsa.................................................................188
51. Philly Cheesesteak Pizza....................................................191
52. Pita pitsa roheliste oliividega.............................................194
53. Pitsa Burgerid..............................................................198
54. Lunchbox Pizza..............................................................200
55. Jahutatud puuviljane maiuspala..............................................202
56. Suitsune pitsa..............................................................204
59. Artisan Pizza...............................................................210
60. Pepperoni pitsadip..........................................................212
61. Tuunikala pitsa.............................................................214

62. Pitsamaitseline kana......216
63. Hommikusöögi pitsa......219
64. Garden Fresh Pizza......222
65. Pitsakarbid......225
66. Kuum Itaalia pannipizza......228
67. New Orleansi stiilis pizza......230
68. Neljapäevaõhtune pizza......233
69. Köögiviljade segapitsa......236
70. Hamburgeri pitsa......238
71. Pitsa koor......241
72. Roma Fontina pizza......244
73. Vürtsikas spinati-kanapitsa......246
74. Lihavõttepühade pitsa......251
75. Super-Bowl pizza......254
76. Lameleiva pitsa......257
77. Varahommikune pizza......260
78. Backroad Pizza......263
79. Lastesõbralikud pitsad......265
80. Pennsylvani stiilis pizza......267
81. Petipiima pizza......270
82. Worcestershire'i pitsa......273
83. BBQ veiseliha pitsa......276
84. Pizza Rigatoni......278
85. Mehhiko stiilis pizza......280
86. Vahemere pitsa......284
87. Kõik paprikate ja sibulate pizza......287
88. ARMASTUS pizzat......290
89. Kartuli Tofu pizza......293
90. Kreeka pitsa......296
91. Pitsa salat......299
92. Magustoidu pizza......302
93. Pikniku minipitsad......305
94. Troopiline kreeka pähkli pizza......307
95. Jõhvika-kana pizza......309

96. Magus ja soolane pizza..........311
97. Sügisene Dijoni pizza..........314
98. Gorgonzola võine pitsa..........317
99. Rukola viinamarjapizza..........319
100. Prantsuse stiilis pizza..........322

**KOKKUVÕTE..........324**

## SISSEJUHATUS

Tere tulemast "PITSA KOKAPAAMAT", kus asume suussulavale teekonnale läbi pitsade valmistamise maailma. Olenemata sellest, kas olete kogenud pizzaiolo või köögis algaja, see raamat on loodud teie pitsamängu tõstmiseks uutesse kõrgustesse. Alates täiusliku taigna meisterdamisest kuni uuenduslike lisanditega katsetamiseni oleme teiega kaetud. Olge valmis oma loomingulisust valla päästma, maitsemeeli meelitama ning oma sõpradele ja perele muljet avaldama pitsadega, mis pole midagi muud kui suurejoonelised.

Sellest kokaraamatust leiate retseptide aarde, mis ulatub klassikalistest lemmikutest nagu Margherita ja Pepperoni kuni julgete ja seikluslike loominguteni, mis on inspireeritud kogu maailma köökidest. Kuid see ei puuduta ainult katteid – me süveneme ka selle ihaldatud krõbeda kooriku, kleepuva juustu ja harmoonilise maitsetasakaalu saavutamise saladustesse, mis määratlevad tõeliselt erakordse pitsa.

Niisiis, käärige käised üles, pühkige taignarullilt tolm ja sukeldugem pitsategemise imelisse maailma. Olge valmis oma sisemise pitsakoka vallandamiseks ja avastage oma maitsvate meistriteoste loomise rõõm otse oma köögis.

# PITSA RETSEPTID

## 1. Grill-kana pizza

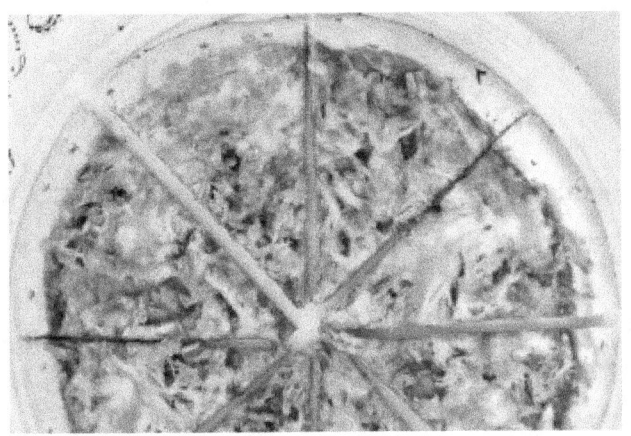

**Koostis**

- Kas universaalne jahu pitsakoore jaoks või mittenakkuv pihusti f
- 1 omatehtud tainas
- 6 supilusikatäit grillkastet (kasutage suvalist sorti, kuumast kuni mahedani)
- 4 untsi (1/4 naela) suitsutatud provolooni või suitsutatud Šveitsi, hakitud
- 1 tass tükeldatud, keedetud kanaliha
- 1/2 väikest punast sibulat, tükeldatud (umbes 1/2 tassi)
- tl hakitud pune lehti või 1/2 tl kuivatatud pune
- unts Parmigiana, peeneks riivitud
- 1/2 tl punase pipra helbeid, soovi korral

**Juhised:**

a) Värske tainas pitsakivil. Kõigepealt puista pitsakoor kergelt jahuga üle. Lisage tainas ja vormige see suureks ringiks, tõmmates sellesse esmalt sõrmeotstega süvendid, seejärel tõstes servast üles ja vormides kätega umbes 14-tollise läbimõõduga ringi. Tõsta tainas jahuga kaetud pool allapoole koorele.

b) Värske tainas pitsaplaadil. Määrige tainas mittenakkuva pihustiga ja asetage tainas plaadi või küpsetusplaadi keskele. Tehke tainast sõrmeotstega süvendid, seejärel tõmmake ja suruge tainast, kuni see moodustab plaadile umbes 14-tollise läbimõõduga ringi või küpsetusplaadile ebakorrapärase ristküliku, mille suurus on umbes 13 × 7 tolli.

c) Küpsetatud koorik. Kui kasutate pitsakivi, asetage see pitsakoorele või asetage küpsetatud koorik otse pitsaalusele.

d) Kasutage kummilabidat, et määrida grillkaste ühtlaselt ettevalmistatud taignale, jättes servale 1/2-tollise äärise. Kõige peale riivitud suitsujuust.

e) Laota kanatükid juustu peale, seejärel puista peale tükeldatud sibul ja pune.

f) Lisa riivitud Parmigiana ja punase pipra helbed, kui kasutad. Libistage pirukas koorelt väga kuumale kivile või asetage pitsaalus koos

pirukaga kas otse ahju või grillresti sellele osale, mis ei asu otse soojusallika kohal.
g) Küpsetage või grillige suletud kaanega, kuni koorik on kuldne ja juust on sulanud ja hakanud isegi kergelt pruunistuma, 16–18 minutit. Libista koor tagasi kooriku alla, et see kivilt eemaldada, või tõsta pitsaplaat või jahuleht koos pirukaga restile. Enne viilutamist ja serveerimist asetage pirukas 5 minutiks jahtuma.

## 2. Veiseliha ja seenepitsa

## Koostis

- Universaalne jahu pitsakoore puhastamiseks või mittenakkuv pihusti pitsaaluse määrimiseks
- 1 omatehtud tainas
- 1 spl soolata võid
- 1 väike kollane sibul, hakitud (umbes 1/2 tassi)
- 5 untsi cremini- või valgeid nööbeseeni, õhukeselt viilutatud (umbes 1 1/2 tassi)
- 8 untsi (1/2 naela) lahja veisehakkliha
- 2 spl kuiva šerrit, kuiva vermutit või kuiva valget veini
- 1 spl hakitud peterselli lehti
- 2 tl Worcestershire'i kastet
- 1 tl varrega tüümiani lehti
- 1 tl hakitud salveilehti
- 1/2 tl soola
- 1/2 tl värskelt jahvatatud musta pipart
- 2 supilusikatäit pudelis steigi kastet

- 6 untsi Cheddarit, hakitud

**Juhised**

a) Värske tainas pitsakivil. Puista pitsakoor jahuga ja aseta tainas selle keskele. Vormi tainast sõrmeotstega lohutades suur ring.
b) Värske tainas pitsakivil. Puista pitsakoor jahuga. Tõsta tainas sellele ja tõmmake tainas sõrmeotstega suureks ringiks. Võtke tainas servast üles ja keerake seda käte vahel, kuni see on umbes 14-tollise läbimõõduga ring. Tõsta vormitud tainas jahuga kaetud pool allapoole koorele.
c) Värske tainas pitsaplaadil. Määri kas mittenakkuva pihustiga. Asetage tainas alusele või küpsetusplaadile süvendage see sõrmeotstega - seejärel tõmmake ja vajutage seda, kuni see moodustab plaadile 14-tollise ringi või küpsetusplaadile ebakorrapärase 12 × 7-tollise ristküliku.
d) Küpsetatud koorik. Kui kasutate pitsakivi, asetage see pitsakoorele või asetage küpsetatud koorik otse pitsaalusele.
e) Sulata või suurel pannil keskmisel kuumusel. Lisage sibulat, sageli segades, kuni see on pehmenenud, umbes 2 minutit.

f) Lisage seened aeg-ajalt segades, jätkake küpsetamist, kuni need pehmenevad, eraldavad vedelikku ja see aurustub umbes 5 minuti jooksul glasuuriks.

g) Murenda veisehakklihas, aeg-ajalt segades, kuni see on hästi pruunistunud ja läbiküpsenud, umbes 4 minutit.

h) Segage šerri või selle aseaine, petersell, Worcestershire'i kaste, tüümian, salvei, sool ja pipar. Jätkake küpsetamist pidevalt segades, kuni pann on jälle kuiv. Tõsta tulelt kõrvale.

i) Määri steigikaste ühtlaselt koorikule, jättes servale 1/2-tollise äärise. Tõsta peale hakitud Cheddarit, hoides selle piiri puhtana.

j) Tõsta lusikaga ja määri veisehakklihasegu ühtlaselt juustule. Seejärel libista pitsa koorelt kuumale kivile või aseta pirukas pitsaplaadile või jahuplaadile kas ahju või grillresti soojendamata osa kohale.

k) Küpsetage või grillige suletud kaanega, kuni juust on hakanud mullitama ja koorik on servast pruun ja katsudes pisut kõva, 16–18 minutit. Veenduge, et tekitate värskele taignale õhumullid, eriti selle servas ja eriti küpsetamise esimese 10 minuti jooksul. Lükake koor tagasi kooriku alla, jälgides, et kate ei eralduks, ja asetage seejärel 5 minutiks kõrvale – või asetage pitsa pitsaplaadile restile sama kauaks enne viilutamist ja serveerimist. Kuna pealistükid on eriti rasked, ei pruugi pitsat enne viilutamist koorelt, aluselt või küpsetusplaadilt kergesti eemaldada. Kui kasutate mittekleepuvat plaati või küpsetusplaati, kandke kogu pirukas ettevaatlikult lõikelauale, et mittenakkuv pind täkkeid ei tekiks.

## 3. Brokkoli ja juustukastmega pitsa

**Koostis**

- Universaalne jahu pitsakoore puhastamiseks või mittenakkuv pihusti pitsaaluse määrimiseks
- 1 omatehtud tainas
- 2 spl soolata võid
- 2 spl universaalset jahu
- 11/4 tassi tavalist, madala rasvasisaldusega või rasvavaba piima
- 6 untsi Cheddarit, hakitud
- 1 tl Dijoni sinepit
- 1 tl varrega tüümiani lehti või 1/2 tl kuivatatud tüümiani
- 1/2 tl soola
- Mitu kriipsu kuuma punase pipra kastet
- 3 tassi värskeid brokoliõisikuid, aurutatud või külmutatud brokoliõisikuid, sulatatud (
- 2 untsi Parmigiana või Grana Padano, peeneks riivitud

**Juhised:**

a) Värske tainas pitsakivil. Puista pitsakoor jahuga. Asetage tainas koore keskele ja vormige tainast sõrmeotstega lohutades suur ring. Tõstke tainas üles ja pöörake seda servast kinni hoides ja seda samal ajal kergelt tõmmates, kuni koorik on umbes 14-tollise läbimõõduga ring. Asetage see jahune pool allapoole koorele.

b) Värske tainas pitsaplaadil. Määri üht või teist mittenakkuva pihustiga. Laota tainas plaadile või küpsetuspaberiga kaetud ahjuplaadile, tõmmake tainasse sõrmeotstega süvendid, kuni see on lapik ring. Sulata või keskmisel kuumusel seatud suures kastrulis. Vahusta jahu ühtlaseks massiks ja saadud segu muutub väga heleblondiks, umbes 1 minut.

c) Alandage kuumust keskmiselt madalale ja vahustage piim, valades selle aeglase ühtlase joana või ja jahu segusse. Jätkake vahustamist tulel, kuni see pakseneb, nagu sulanud jäätis, võib-olla veidi vedelam, umbes 3 minutit või kui ilmneb esimene keemise märk. Tõsta pann tulelt ja vispelda sisse hakitud Cheddari, sinepi, tüümiani, soola ja kuuma punase pipra kaste (maitse järgi). Jahuta 10-15 minutit, aeg-ajalt vispeldades.

d) Kui töötate küpsetatud koorikuga, jätke see samm vahele. Kui kasutate värsket tainast, libistage vormitud, kuid veel katmata koorik koorelt kuumale kivile või asetage koor selle alusele või küpsetusplaadile kas ahjus või grillresti soojendamata osa kohale. Küpsetage või grillige suletud kaanega, kuni koorik on helepruun, jälgides, et pinnale või servale tekivad õhumullid umbes 12 minutit. Libistage koor tagasi kooriku alla, et see kivilt eemaldada, või asetage pitsaalus koos koorega restile.

e) Määri paks juustukaste koorikule, jättes servale 1/2-tollise äärise. Tõsta peale brokoliõisikud, asetades need ühtlaselt kastme peale. Puista peale riivitud Parmigiana.

## 4. Brokkoli ja tomatikastmega pitsa

**Koostis**

- Kas kollane maisijahu pitsakoorele tolmu puhastamiseks või oliiviõli pitsaaluse määrimiseks

- 1 omatehtud tainas

- 1 suur purgis pimiento või röstitud punane pipar

- 1/2 tl punase pipra helbeid

- 1/2 tassi klassikalist pitsakastet

- 3 untsi mozzarellat, hakitud

- 3 untsi provolone, Muenster või Havarti, hakitud

- 2 tassi külmutatud brokoliõisikuid või värskeid õisikuid, aurutatud

- 1 unts Parmigiana või Grana Padano, peeneks riivitud


**Juhised**

a) Värske tainas pitsakivil. Puista pitsakoor jahuga ja aseta tainas selle keskele. Vormi tainast sõrmeotstega lohutades suur ring.

b) Värske tainas pitsakivil. Puista pitsakoor maisijahuga. Asetage tainas tükina koorele ja seejärel süvendage see sõrmeotstega, kuni see on suur ring. Võtke tainas üles, hoidke seda mõlema käega servast ja keerake seda kergelt venitades, kuni see on umbes 14-tollise läbimõõduga ring. Asetage see maisijahu pool allapoole koorele. Kui olete kasutanud Speltapitsataignat, võib see selle tehnikaga vormimiseks olla liiga habras

c) Värske tainas pitsaplaadil. Määri plaat või küpsetusplaat oliiviõliga. Asetage tainas kummalegi ja tehke sõrmeotstega süvendid – seejärel tõmmake ja suruge tainast, kuni see moodustab küpsetusplaadile 14-tollise ringi või ebakorrapärase ristküliku, mille pikkus on 13 tolli ja laius 7 tolli. Küpsetatud koorik. Kui kasutate pitsakivi, asetage see jahusele pitsakoorele või asetage küpsetatud koorik otse pitsaalusele.

d) Püreesta pimiento koos punase pipra helvestega miniköögikombainis ühtlaseks massiks. Teise võimalusena jahvatage need uhmris nuiaga ühtlaseks pastaks. Kõrvale panema. Määri pitsakaste ühtlaselt ettevalmistatud kooriku peale, jättes servale 1/2-tollise äärise. Tõsta peale mõlemad riivitud juustud, hoides seda serva puutumata.

e) Puista brokoliõisikud piruka ümber, jättes selle ääre jälle puutumata. Määrige peale pimiento püree, kasutades iga nuku kohta umbes 1 teelusikatäit. Tõsta peale peeneks riivitud Parmigiana. Libistage pitsa koorelt ettevaatlikult kuumale kivile või kui olete kasutanud pitsaplaati või küpsetusplaati, asetage see koos pirukaga ahju või grillresti soojendamata osa kohale.

f) Küpsetage või grillige suletud kaanega, kuni juust on sulanud, punane kaste on paks ja koorik on katsudes kuldpruun ja kõva, 16-18 minutit.

g) Kas libistage koor pitsa alla tagasi, et see väga kuumalt kivilt maha võtta, või asetage pitsa alusele või küpsetusplaadile restile. Kui soovite, et koor jääks krõbe, eemaldage pirukas pärast umbes 1-minutilist jahtumist koorelt, aluselt või küpsetusplaadilt, asetage pitsa otse restile. Igal juhul jahuta enne viilutamist kokku 5 minutit.

## 5. Pühvli kana pitsa

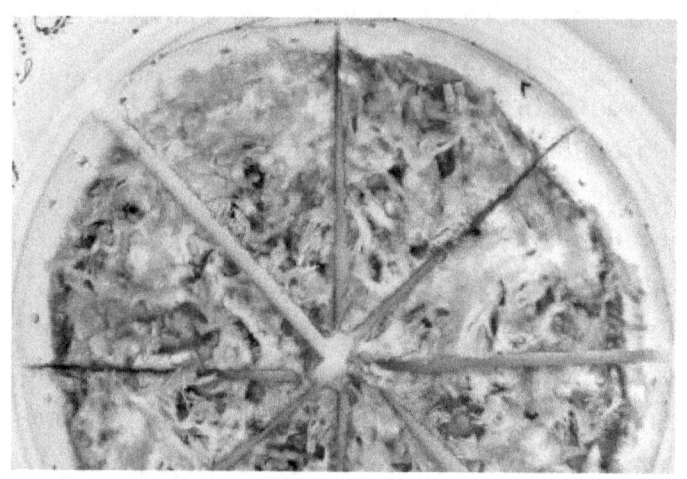

**Koostis**

- Kas kollane maisijahu pitsakoore tolmuks või soolamata või pitsaaluse määrimiseks
- 1 omatehtud tainas
- 1 spl soolata võid
- 10 untsi kondita nahata kanarinda, õhukeselt viilutatud
- 1 spl kuuma punase pipra kastet, eelistatavalt Tabascot
- 1 spl Worcestershire'i kastet
- 6 supilusikatäit pudelisse villitud tšillikastet, näiteks Heinzi
- 3 untsi mozzarellat, hakitud
- 3 untsi Monterey Jack, hakitud
- 3 keskmist selleriribi, õhukeselt viilutatud
- 2 untsi sinihallitusjuustu, nagu Gorgonzola, Taani sinine või Roquefort

**Juhised**

a) Värske tainas pitsakivil. Puista pitsakoor jahuga ja aseta tainas selle keskele. Vormi tainast sõrmeotstega lohutades suur ring.

b) Värske tainas pitsakivil. Puista pitsakoor maisijahuga. Asetage tainas koore keskele ja vormige tainast sõrmeotstega lohutades suur ring. Võtke tainas üles ja vormige see kätega, hoides selle servast kinni, keerates aeglaselt tainast, kuni see on umbes 14-tollise läbimõõduga ring. Asetage see maisijahu pool allapoole koorele.

c) Värske tainas küpsetusplaadil. Määrige paberrätikule veidi soolata võid ja seejärel hõõruge seda pitsaaluse ümber, et see põhjalikult määrida. Laota tainas plaadile või küpsetuspaberiga kaetud ahjuplaadile, tõmmake tainasse sõrmeotstega süvendid, kuni see on lapik ring. Seejärel tõmmake ja vajutage seda, kuni see moodustab alusele 14-tollise ringi või küpsetusplaadile ebakorrapärase 12 × 7-tollise ristküliku. Küpsetatud koorik. Kui kasutate pitsakivi, asetage see maisijahuga tolmutatud pitsakoorele või asetage küpsetatud koorik võiga määritud pitsaplaadile või suurele küpsetusplaadile.

d) Sulata või suurel pannil või vokkpannil keskmisel kuumusel. Lisage viilutatud kana, sageli segades, kuni see on keedetud, umbes 5 minutit.

Eemaldage pann või vokk tulelt ja segage kuuma punase pipra kaste ja Worcestershire'i kaste. Määri tšillikaste koorikule, jälgides, et servale jääks 1/2-tolline ääris. Laota kaetud viilutatud kana kastme peale.

e) Tõsta peale hakitud mozzarella ja Monterey Jack, säilitades kooriku serva. Puista viilutatud seller ühtlaselt pirukale. Lõpuks murendage sinihallitusjuust ühtlaselt väikeste tilkade ja tilkade kaupa üle kõigi teiste lisanditega.

## 6. Mangoldi ja sinihallitusjuustu pitsa

**Koostis**

- Kollane maisijahu koorimiseks või mittenakkuv pihusti pitsaplaadi või küpsetusplaadi jaoks
- 1 omatehtud tainas,
- 2 spl soolata võid
- 3 küüslauguküünt, hakitud
- 4 tassi tihedalt pakitud, tükeldatud, varrega Šveitsi mangoldi lehti
- 6 untsi mozzarellat, hakitud
- 1/3 tassi murendatud Gorgonzolat, Taani sinist või Roqueforti
- 1/2 tl riivitud muskaatpähklit
- Kuni 1/2 tl punase pipra helbeid, valikuline

**Juhised**

a) Värske tainas pitsakivil. Puista pitsakoor jahuga ja aseta tainas selle keskele. Vormi tainast sõrmeotstega lohutades suur ring.

b) Värske pitsa tainas pitsakivil. Puista pitsakoor maisijahuga ja aseta tainas selle keskele. Vormi see sõrmeotstega süvendades suureks ringiks. Võtke see üles ja vormige see kätega, hoides selle servast kinni, keerates aeglaselt tainast, kuni selle läbimõõt on umbes 14 tolli. Asetage see jahune pool allapoole koorele.

c) Värske tainas pitsaplaadil. Määrige kumbki mittenakkuva pihustiga. Asetage tainas alusele või küpsetusplaadile ja süvendage tainas sõrmeotstega – seejärel tõmmake ja vajutage seda, kuni see moodustab alusele 14-tollise ringi või küpsetusplaadile 12 × 7-tollise ebakorrapärase ristküliku.

d) Küpsetatud koorik. Kui kasutate pitsakivi, asetage see pitsakoorele või asetage küpsetatud koorik otse pitsaalusele.

e) Kuumuta võid suurel pannil keskmisel kuumusel. Lisa küüslauk ja küpseta 1 minut.

f) Lisage rohelised ja küpseta, sageli tangide või kahe kahvliga viskides, kuni need on pehmed ja närbunud, umbes 4 minutit. Kõrvale panema.

g) Puista tainale tükeldatud mozzarella, jättes serva ümber 1/2-tollise äärise.

h) Tõsta peale pannilt võetud rohelistegu, seejärel puista pitsa peale sinihallitusjuust. Riivi peale muskaatpähkel ja soovi korral puista peale punase pipra helbeid.

i) Libista pitsa koorelt kuumale kivile või aseta pirukas selle alusele või jahuplaadile kas ahju või grilli soojendamata osale. Küpsetage või grillige suletud kaanega, kuni juust on sulanud ja mullitav ning koorik on puudutamisel kõva, 16–18 minutit. Libistage koor tagasi piruka alla, et see kuumalt kivilt eemaldada, seejärel asetage see kõrvale või asetage pirukas selle alusele või küpsetusplaadile restile. Jahuta 5 minutit enne viilutamist.

## 7. Chorizo ja punase pipra pizza

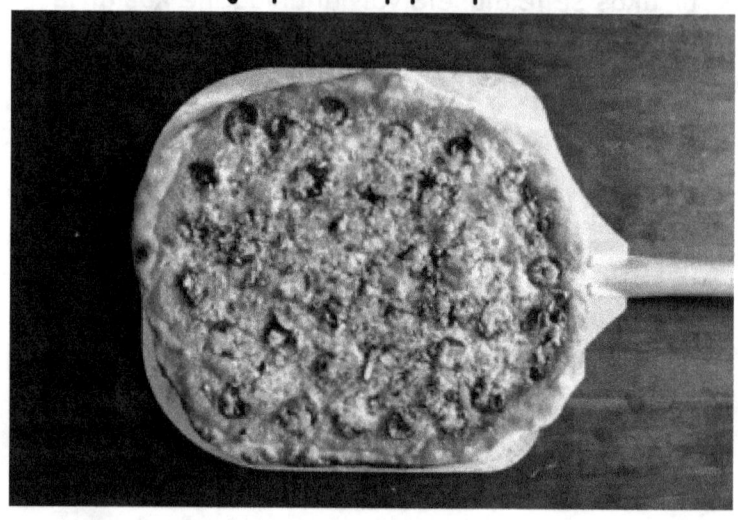

**Koostis**

- Kas universaalne jahu koorelt tolmu eemaldamiseks või mittenakkuv pihusti pitsaaluse määrimiseks
- 1 omatehtud tainas,
- 1 keskmine punane paprika
- õlisse pakitud päikesekuivatatud tomatid
- 1 küüslauguküüs, neljaks lõigatud
- untsi mozzarellat või Monterey Jacki, hakitud
- 4 untsi (1/4 naela) söögivalmis Hispaania chorizo, õhukeselt viilutatud
- 1/2 tassi viilutatud kivideta rohelisi oliive
- 3 untsi Manchego või Parmigiana, raseeritud õhukesteks ribadeks

**Juhised**

a) Värske tainas pitsakivil. Puista pitsakoor jahuga ja aseta tainas selle keskele. Vormi tainast sõrmeotstega lohutades suur ring.

b) Värske tainas pitsakivil. Alustuseks puista pitsakoor jahuga, seejärel aseta tainas selle keskele. Kasutage sõrmeotstega taignasse süvendeid, ajades seda veidi laiali, kuni see on lame ring. Võtke see üles ja kujundage see, hoides selle servast kinni ja keerates seda aeglaselt, kuni selle läbimõõt on umbes 14 tolli. Asetage see jahune pool allapoole koorele.

c) Värske tainas küpsetusplaadil. Määri pitsaalus mittenakkuva pihustiga. Asetage tainas alusele või küpsetusplaadile süvendage see sõrmeotstega, kuni see on lame ring – seejärel tõmmake ja suruge seda, kuni see moodustab plaadile 14-tollise ringi või küpsetusplaadile ebakorrapärase 12 × 17-tollise ristküliku. Küpsetatud koorik. Kui kasutate pitsakivi, asetage see jahusele pitsakoorele või asetage küpsetatud koorik otse pitsaalusele.

d) Asetage pipar väikesele, huultega küpsetusplaadile ja prae 4–6 tolli eelsoojendatud broilerist, kuni see on ümberringi mustaks muutunud, aeg-ajalt keerates umbes 4 minutit. Mõlemal juhul asetage mustaks muutunud pipar väikesesse kaussi ja sulgege see tihedalt kilega või sulgege paberkotti. Tõsta 10 minutiks kõrvale.

e) Koorige pipralt välised mustaks muutunud tükid. Pole vaja eemaldada iga väikest musta tükki. Enne suurteks tükkideks rebimist pipra vars, südamik ja seemned. Aseta need tükid köögikombaini. Lisage päikesekuivatatud tomatid ja küüslauk üsna ühtlaseks pastaks, vajadusel kraapides kummilabidaga külgi alla. Määri piprasegu koorikule, jättes servale 1/2-tollise äärise. Tõsta piprasegu peale riivitud juust ja aseta seejärel chorizo viilud pitsa peale.

f) Puista oliivid pirukale ja seejärel laota raseeritud Manchego ribad lisanditele.

## 8. Delicata squashi ja mangoldi pitsa

**Koostis**

- Universaalne jahu pitsakoore jaoks või oliiviõli pitsaaluse jaoks
- 1 omatehtud tainas
- 1 spl soolata võid
- väike kollane sibul, hakitud (umbes 1/2 tassi)
- tassi seemnetega ja kuubikuteks lõigatud kõrvitsat (2 või 3 keskmist kõrvitsat)
- 4 tassi tükeldatud, varrega mangoldi lehti
- 1/4 tassi kuiva valget veini või kuiva vermutit
- supilusikatäis vahtrasiirupit
- 1 tl hakitud salveilehti
- 1/2 tl jahvatatud kaneeli
- 1/2 tl soola
- 1/2 tl värskelt jahvatatud musta pipart
- 8 untsi Fontina, hakitud

## Juhised

a) Värske tainas pitsakivil. Puista pitsakoor jahuga ja aseta tainas selle keskele. Vormi tainast sõrmeotstega lohutades suur ring.

b) Värske tainas pitsakivil. Puista pitsakoor kergelt jahuga. Lisa tainas ja vormi sellest näpuotstega lohutades suur ring. Tõstke see mõlema käega servast üles ja pöörake seda aeglaselt, lastes raskusjõul ringi venitada, samal ajal kui teete seda ka selle servas, kuni selle läbimõõt on umbes 14 tolli. Tõsta vormitud tainas jahuga kaetud pool allapoole koorele.

c) Värske tainas pitsaplaadil. Määri plaat või küpsetusplaat kergelt vähese oliiviõliga. Asetage tainas keskele ja tehke tainas sõrmeotstega, et see paksuks ringiks lamendada – seejärel tõmmake ja suruge seda, kuni see moodustab alusele 14-tollise ringi või küpsetusplaadile ebakorrapärase 12 × 7-tollise ristküliku. .

d) Küpsetatud koorik. Kui kasutate pitsakivi, asetage see jahusele pitsakoorele või asetage küpsetatud koorik pitsaalusele. Sulata või suurel pannil keskmisel kuumusel, seejärel lisa sibul ja küpseta sageli segades umbes 3 minutit, kuni see muutub läbipaistvaks. Sega hulka kuubikuteks lõigatud kõrvits ja küpseta aeg-ajalt segades 4 minutit. Lisage tükeldatud mangold ja valage vein või vermut. Segage pidevalt, kuni see on osaliselt närbunud, seejärel segage vahtrasiirup, salvei, kaneel, sool ja pipar.

e) Viska korralikult läbi, kata kaanega, alanda kuumust ja küpseta aeg-ajalt segades, kuni mangold ja kõrvits on pehmed ning vedelik on aurustunud glasuuriks, umbes 8 minutit. Jaotage hakitud Fontina ühtlaselt kooriku peale, jättes selle serva ümber 1/2-tollise äärise.

f) Lusikaga squash ja mangoldi kate ühtlaselt juustu peale. Tõstke koorik koorelt maha kuumutatud kivile või asetage pirukas ahju alusele või küpsetusplaadile või grilli kuumutamata osa kohale. Küpsetage või grillige suletud kaanega, kuni juust hakkab mullitama ja koorik on muutunud kuldpruuniks, 16-18 minutit.

g) Libista koor tagasi koore alla, et see kivilt eemaldada ja jahutada 5 minutit, või tõsta pirukas plaadile või küpsetusplaadile restile 5 minutiks jahtuma.

## 9. Pardi Confit pizza

**Koostis**

- Universaalne jahu pitsakoore jaoks või mittenakkuv pihusti pitsaaluse jaoks
- 1 omatehtud tainas
- 4 untsi (1/4 naela) Gruyère, hakitud
- 1/3 tassi konserveeritud valgeid ube, nõruta ja loputa
- 1 pea röstitud küüslauk
- 2 spl hakitud salveilehti või 1 spl kuivatatud salvei
- 2 tl varrega tüümianilehti või 1 tl kuivatatud tüümiani
- 1/2 tl soola
- 1/2 tl värskelt jahvatatud musta pipart
- 4 untsi pardi koivad, konditustatud ja liha tükeldatud
- 2 untsi suitsutatud, söömiseks valmis kielbasat, õhukeselt viilutatud
- 1 1/2 untsi Parmigiana, peeneks riivitud

## Juhised

a) Värske tainas pitsakivil. Puista pitsakoor jahuga ja aseta tainas selle keskele. Vormi tainast sõrmeotstega lohutades suur ring.

b) Värske tainas pitsakivil. Kui olete pitsakoore jahuga üle puistanud, asetage tainas selle keskele ja tehke tainasse sõrmeotstega süvendid, venitades seda, kuni see on lame ja laineline ring. Tõstke see servast üles ja pöörake seda aeglaselt kätes, venitades serva, kuni see on umbes 14 tolli läbimõõduga ring. Tõsta tainas koorele, jahune pool allpool.

c) Värske tainas pitsaplaadil. Määri kas nakkumatu pihustiga ja aseta tainas keskele. Viige tainasse sõrmeotstega süvendid – seejärel tõmmake ja suruge tainast, kuni see moodustab plaadile 14-tollise ringi või küpsetusplaadile ebakorrapärase ristküliku, pikkusega umbes 12 tolli ja laiusega 7 tolli. Küpsetatud koorik. Kui kasutate pitsakivi, asetage see jahuga ülepuistatud pitsakoorele või asetage küpsetatud koorik võiga määritud pitsaalusele.

d) Määri hakitud Gruyère koorikule, jättes servale 1/2-tollise äärise. Lisa juust ubadega, seejärel pigista pitsale küüslaugu viljaliha. Kui kasutate ostetud röstitud küüslauku, jagage nelk neljandikku, et neid saaks pirukale puistata. Puista üle salvei, tüümiani, soola ja pipraga.

e) Laota piruka peale hakitud pardiliha ja kielbasa tükid, seejärel tõsta peale riivitud Parmigiana. Libista pirukas koorelt kuumutatud kivile või aseta pirukas selle pitsaalusele kas ahju või grillresti soojendamata osale.

f) Küpsetage või grillige suletud kaanega, kuni koorik on kergelt pruunistunud ja katsudes pisut kõva, 16-18 minutit. Kui värske taigna servade ümber tekivad õhumullid, torgake need kahvliga läbi.

## 10. Lihapallipitsa

**Koostis**

- Kas universaalne jahu pitsakoore jaoks või oliiviõli pitsaaluse jaoks
- 1 omatehtud tainas
- 8 untsi (1/2 naela) lahja veisehakkliha
- 1/4 tassi hakitud peterselli lehti
- 2 spl tavalist kuivatatud leivapuru
- 1/2 untsi Asiago, Grana Padano või Pecorino, peeneks riivitud
- 2 tl hakitud pune lehti või 1 tl kuivatatud pune
- 1/2 tl apteegitilli seemneid
- 1/4 tl soola
- 1/4 tl värskelt jahvatatud musta pipart 5 küüslauguküünt, hakitud
- 1 spl oliiviõli
- 1 väike kollane sibul, hakitud (umbes 1/2 tassi)
- 14 untsi purustatud tomateid
- 1 tl varrega tüümiani lehti

- 1/4 tl riivitud või jahvatatud muskaatpähklit ja 1/4 tl jahvatatud nelki

- 1/4 tl punase pipra helbeid

- 6 untsi mozzarellat, hakitud

- 2 untsi Parmigiana, raseeritud õhukesteks ribadeks

**Juhised**

a) Värske tainas pitsakivil. Puista pitsakoor jahuga, aseta tainas selle keskele ja vormi taignast sõrmeotstega süvenditega suur ring. Tõstke see üles ja kujundage, hoides selle servast kinni ja pöörates seda, venitades samal ajal õrnalt, kuni selle läbimõõt on umbes 14 tolli. Asetage see jahune pool allapoole koorele.
b) Värske tainas pitsaplaadil. Tupsuta paberrätikule veidi oliiviõli ja määri plaat. Asetage tainas keskele ja tehke tainast sõrmeotstega süvendid, kuni see on lapik ring – seejärel tõmmake ja vajutage seda, kuni see moodustab alusele 14-tollise ringi või küpsetusplaadile ebakorrapärase 12 × 7-tollise ristküliku.

c) Kui kasutate pitsakivi, asetage see jahuga ülepuistatud pitsakoorele või asetage küpsetatud koorik võiga määritud pitsaalusele.

d) Sega suures kausis veisehakkliha, petersell, riivsai, riivjuust, pune, apteegitilli seemned, 1/2 tl soola, 1/2 tl pipart ja 1 hakitud küüslauguküüs suures kausis ühtlaseks seguks. Vormi 10 lihapalli, kasutades igaühe jaoks umbes 2 supilusikatäit segu.

e) Kuumuta oliiviõli suures kastrulis keskmisel kuumusel. Lisage sibul ja ülejäänud 4 hakitud küüslauguküünt, küpseta sageli segades, kuni need on pehmenenud, umbes 3 minutit.

f) Sega hulka purustatud tomatid, tüümian, muskaatpähkel, nelk, punase pipra helbed, ülejäänud 1/4 tl soola ja ülejäänud 1/4 tl pipart. Lisa lihapallid ja lase keema tõusta.

g) Alanda kuumust ja hauta kaaneta umbes 20 minutit, kuni kaste on paksenenud ja lihapallid läbi küpsenud. Jahuta toatemperatuuril 20 minutit.

h) Määri purustatud mozzarella ettevalmistatud koorikule, jättes servale 1/2-tollise äärise. Eemaldage lihapallid tomatikastmest ja asetage need kõrvale. Tõsta lusikaga ja määri juustu peale tomatikaste, jälgides, et piir jääks puutumatuks.

i) Lõika iga lihapall pooleks ja aseta pooled lõikepool allapoole üle kogu piruka. Tõsta peale tükeldatud paprika ja seejärel raseeritud Parmigiana. Libista pitsa koorelt kuumale kivile või aseta pitsa alusele või küpsetusplaadile kas ahju või grillresti soojendamata osa kohale.

j) Küpsetage või grillige suletud kaanega, kuni kaste hakkab mullitama ja koorik on muutunud kuldpruuniks, 16-18 minutit. Lükake koor tagasi kooriku alla, et see kuumalt kivilt eemaldada, või asetage pirukas alusele restile. Jahuta 5 minutit enne viilutamist.

## 11. Mehhiko krevettide pizza

## Koostis

- Universaalne jahu pitsakoore puhastamiseks või mittenakkuv pihusti pitsaaluse määrimiseks
- 1 omatehtud tainas,
- 6 untsi keskmised krevetid (umbes 30 naela kohta), kooritud ja tükeldatud
- 8 untsi ($1/2$ naela) kirsstomateid, hakitud
- 1 keskmine šalottsibul, hakitud
- 1 $1/2$ supilusikatäit hakitud koriandri lehti
- 1 spl ekstra neitsioliiviõli
- 1 tl punase veini äädikat
- 1/4 tl soola
- 6 untsi Cheddarit, hakitud
- 1 keskmine purki pandud marineeritud jalapeño, seemnete ja hakklihana
- 1 tl köömneid, purustatud

## Juhised

a) Värske tainas pitsakivil. Puista pitsakoor jahuga, aseta tainas selle keskele ja vormi tainast sõrmeotstega süvendades suur, lapik ring. Võtke see üles ja vormige see, hoides selle servast kinni ning keerates ja venitades aeglaselt tainast, kuni selle läbimõõt on umbes 14 tolli. Asetage see jahune pool allapoole koorele.

b) Värske tainas pitsaplaadil. Määri kas nakkumatu pihustiga, seejärel aseta tainas keskele. Tehke tainasse sõrmeotstega süvendid – seejärel tõmmake ja suruge tainast, kuni see moodustab alusele umbes 14-tollise läbimõõduga ringi või küpsetusplaadile ebakorrapärase 12 × 7-tollise ristküliku. Küpsetatud koorik. Kui kasutate pitsakivi, asetage see pitsakoorele või asetage küpsetatud koorik otse pitsaalusele.

c) Paigaldage keskmise suurusega kastrul köögiviljaaurutiga. Lisage pannile toll vett (kuid mitte nii, et vesi aurutisse jookseks) ja laske vesi kõrgel kuumusel keema tõusta. Lisa krevetid, kata kaanega, alanda kuumust madalale ja auruta, kuni need on roosad ja kõvad, umbes 3 minutit. Keetmise peatamiseks eemaldage ja värskendage jaheda vee all. Haki suupistesuurusteks tükkideks. Sega väikeses kausis kirsstomatid, šalottsibul, koriander, oliiviõli, äädikas ja sool. Määri see segu ettevalmistatud koorikule, jättes servale 1/2-tollise äärise.

d) Tõsta peale hakitud Cheddar, seejärel puista peale hakitud krevetid, hakitud jalapeño ja purustatud köömneseemned. Libista pitsa koorelt kuumale kivile või aseta pirukas selle alusele või küpsetusplaadile kas ahju või grillresti sellele osale, mis ei asu otse soojusallika või söe kohal. Küpsetage või grillige suletud kaanega, kuni koorik on kuldne ja juust sulanud, 16–18 minutit. Kui töötate värske taignaga, olgu see siis omatehtud või poest ostetud, kontrollige seda aeg-ajalt, et saaksite selle pinnale tekkida võivaid õhumulle torgata. Kui pitsa on valmis, libistage koor selle alla tagasi, et see kivi küljest lahti saada, või asetage pirukas selle alusele või küpsetusplaadile restile. Jahuta 5 minutit enne viilutamist ja serveerimist.

## 12.    Nacho pizza

**Koostis**

- Kollane maisijahu pitsakoore tolmu puhastamiseks või mittenakkuv pihusti pitsaaluse määrimiseks
- 1 omatehtud tainas
- 11/4 tassi konserveeritud ube
- 6 untsi Monterey Jack, hakitud
- 3 keskmist ploomtomatit, tükeldatud
- 1/2 tl jahvatatud köömneid
- tl hakitud pune lehti või 1/2 tl kuivatatud pune
- 1/2 tl soola
- 1/2 tl värskelt jahvatatud musta pipart
- 1/3 tassi salsat
- 1/2 tassi tavalist või madala rasvasisaldusega hapukoort
- Purgis marineeritud jalapeño viilud, maitse järgi

## Juhised

a) Värske tainas pitsakivil. Puista pitsakoor maisijahuga, aseta tainas selle keskele ja vormi taignast sõrmeotstega süvenditega suur ring. Võtke see üles ja vormige seda kätega servast, keerates aeglaselt tainast, kuni selle läbimõõt on umbes 14 tolli. Asetage see maisijahu pool allapoole koorele.
b) Värske tainas pitsaplaadil. Määri plaat või küpsetusplaat mittenakkuva pihustiga. Asetage tainas keskele ja süvendage tainast sõrmeotstega, kuni see on suur lame ring – seejärel tõmmake ja suruge seda, kuni see moodustab alusele 14-tollise ringi või ebakorrapärase ristküliku, umbes 12 × 7 tolli. küpsetusplaat.
c) Küpsetatud koorik. Kui kasutate pitsakivi, asetage see pitsakoorele või asetage küpsetatud koorik otse pitsaalusele. Kasutage kummist spaatlit, et jaotada külmutatud oad kooriku peale, kattes see ühtlaselt, kuid jättes servale 1/2-tollise äärise. Lisa oad hakitud Monterey Jackiga.
d) Segage suures kausis tükeldatud tomatid, köömned, pune, sool ja pipar ning jaotage seejärel ühtlaselt juustu peale. Tõsta salsat väikeste lusikate kaupa koorikule. Libista pitsa

koorelt kuumutatud kivile või aseta pirukas ahjuplaadile või ahjuplaadile või grillrestile kaudse kuumuse peale. Küpseta või grilli suletud kaanega, kuni juust mullitab ja oad on kuumad,
e) Libistage koor tagasi kooriku alla ja asetage kõrvale või tõstke pirukas alusele või küpsetusplaadile restile. Jahuta 5 minutit. Krõbedama kooriku saamiseks eemaldage pitsa koorelt, aluselt või küpsetusplaadilt minuti või paari pärast, et lasta sellel otse restil jahtuda.
f) Enne viilutamist ja serveerimist pane pirukale peale hapukooretükid ja nii palju jalapeño viile, kui soovid.

## 13. Herneste ja porgandite pizza

## Koostis

- Universaalne jahu pitsakoore jaoks või mittenakkuv pihusti pitsaaluse jaoks

- 1 omatehtud tainas

- 2 spl soolata võid

- 1 1/2 spl universaalset jahu

- 1/2 tassi täispiima, madala rasvasisaldusega või rasvavaba piima

- 1/2 tassi rasket, vahustavat või kerget koort 3 untsi

- 2 tl varrega tüümianilehti või 1 tl kuivatatud tüümiani

- 1/2 tl riivitud muskaatpähklit

- tass värskeid kooritud herneid või külmutatud herneid, sulatatud

- tassi kuubikuteks lõigatud porgandit (kui kasutad külmutatud, siis sulatatult)

- 3 küüslauguküünt, hakitud

- 1 unts Parmigiana, peeneks riivitud

**Juhised**

a) Värske tainas pitsakivil. Puista pitsakoor jahuga, aseta tainas selle keskele ja tõmmake tainas sõrmeotstega lamedateks suureks ringiks. Tõstke see üles ja vormige see, hoides selle servast kinni, keerates seda aeglaselt ja venitades õrnalt tainast, kuni ringi läbimõõt on umbes 14 tolli. Tõsta tainas koorele, jahune pool allpool.

b) Värske tainas pitsaplaadil. Määri kumbki mittekleepuva pihustiga, asetage tainas kummagi keskele. Suruge tainasse sõrmeotstega lohk, kuni see on lame, muljutud ring – seejärel tõmmake ja suruge seda, kuni see moodustab plaadil 14-tollise ringi või küpsetusplaadile 12 × 7-tollise ebakorrapärase ristküliku. Küpsetatud koorik. Kui kasutate pitsakivi, asetage see jahusele pitsakoorele või asetage küpsetatud koorik otse pitsaalusele. Sulata või suurel pannil keskmisel kuumusel. Klopi juurde jahu ja jätka vahustamist ühtlaseks ja väga helebeežiks. Vahusta piim aeglase ühtlase joana, seejärel vahusta sisse koor. Jätka vahustamist tulel paksuks, umbes nagu üsna õhuke sulajäätis. Sega ühtlaseks massiks riivitud juust, tüümian ja muskaatpähkel. Jahuta toatemperatuuril 10 minutit.

c) Vahepeal libistage katmata koorik koorelt kuumutatud kivile või asetage koorik selle alusele kas ahju või grillresti soojendamata osa kohale. Küpsetage või grillige suletud kaanega, kuni koorik hakkab oma servadest tugevana tundma ja hakkab pruunistuma, umbes 10 minutit. Kui kasutate värsket tainast, peate küpsemise ajal selle pinnale või servadesse tekkida võivad õhumullid. Lükake koor tagasi osaliselt küpsenud kooriku alla ja eemaldage see ahjust või grillist või teisaldage koorik alusele või küpsetusplaadile restile.

d) Määri paksendatud piimapõhine kaste koorikule, jättes servale 1/2-tollise äärise. Lisa kastmele herned ja porgandid, seejärel puista küüslauk ühtlaselt pirukale. Lõpuks puista lisanditele riivitud Parmigiana.

## 14.     Philly Cheesesteak Pizza

**Koostis**

- Universaalne jahu pitsakoore jaoks või mittenakkuv pihusti pitsaaluse jaoks

- 1 omatehtud tainas,

- 1 spl soolata võid

- 1 väike kollane sibul, poolitatud läbi varre ja õhukesteks viiludeks

- 1 väike roheline paprika, seemnetest puhastatud ja väga õhukesteks viiludeks

- 2 spl Worcestershire'i kastet

- Mitu kriipsu kuuma punase pipra kastet

- 6 spl klassikalist pitsakastet

- 8 untsi (1/2 naela) mozzarellat, hakitud

- 6 untsi deli rostbiifi, raseerige paber õhukeseks ja lõigake ribadeks

- 3 untsi provoloon, hakitud

## Juhised

a) Värske tainas pitsakivil. Puista pitsakoor kergelt jahuga. Lisa tainas ja vormi sellest näpuotstega lohutades suur ring. Võtke see servast üles ja kujundage seda aeglaselt keerates ja õrnalt venitades, kuni selle läbimõõt on umbes 14 tolli. Asetage see jahune pool allapoole koorele.

b) Värske tainas pitsaplaadil. Määri plaat või küpsetusplaat mittenakkuva pihustiga. Asetage tainas keskele ja tehke sõrmeotstega süvendid, kuni see on kokkusurutud ringiks – seejärel tõmmake ja suruge tainast, kuni see moodustab alusele umbes 14-tollise läbimõõduga ringi või ebakorrapärase ristküliku, mille suurus on umbes 12 × 7 tolli. küpsetusplaat.

c) Küpsetatud koorik. Kui kasutate pitsakivi, asetage see jahusele pitsakoorele või asetage küpsetatud koorik pitsaalusele. Sulata või suurel pannil keskmisel kuumusel. Lisage sibul ja paprika, küpseta sageli segades, kuni need on pehmenenud, umbes 5 minutit. Sega juurde Worcestershire'i kaste ja terav punase pipra kaste (maitse järgi). Jätkake küpsetamist, kuni vedelik pannil on muutunud glasuuriks, veel umbes 2 minutit. Jahuta toatemperatuuril 5 minutit. Määri pitsakaste valmistatud koorikule kummilabidaga, jättes servale 1/2-tollise äärise. Kõige peale riivitud mozzarella.

d) Lao rostbiifiribad ühtlaselt pirukale, seejärel lusikaga ja määri köögiviljasegu veiselihale. Kõige peale hakitud provolone.

e) Libista pitsa koorelt kuumale kivile või aseta pitsa selle alusele või küpsetusplaadile kas ahju või grillresti selle osa kohale, mis ei asu soojusallika kohal.

f) Küpsetage või grillige suletud kaanega, kuni koorik on kuldne, alumine külg ühtlaselt pruunistunud ning juust on sulanud ja hakanud isegi väga helepruuniks muutuma, umbes 18 minutit.

g) Kontrollige üks või kaks korda värsket tainast, olgu see siis omatehtud või poest ostetud, et torkida selle pinnale, eriti servale, tekkida võivaid õhumulle.

## 15. Polüneesia pizza

**Koostis**

- Universaalne jahu pitsakoore puhastamiseks või mittenakkuv pihusti pitsaaluse määrimiseks
- 1 omatehtud tainas
- 3 spl magusat paksu sojakastet
- 6 untsi mozzarellat, hakitud
- 3 untsi Kanada peekonit, tükeldatud
- 1 tass värsket ananassi tükki
- 1/2 tassi õhukeselt viilutatud talisibulat
- supilusikatäis seesamiseemneid

**Juhised**

a) Värske tainas pitsakivil. Puista pitsakoor jahuga, asetage tainas selle keskele ja vormige tainast sõrmeotstega süvendid suureks lamedaks ringiks. Tõstke see servast üles ja venitage seda pöörates, kuni selle läbimõõt on umbes 14 tolli. Tõsta vormitud tainas jahuga kaetud pool allapoole koorele.

b) Värske tainas pitsaplaadil. Määri plaat või küpsetusplaat mittenakkuva pihustiga. Asetage tainas kummagi keskele ja süvendage tainas sõrmeotstega – seejärel tõmmake ja vajutage seda, kuni see moodustab alusele 14-tollise ringi või küpsetusplaadile ebakorrapärase 12 × 7-tollise ristküliku.

c) Küpsetatud koorik. Kui kasutate pitsakivi, asetage see jahusele pitsakoorele või asetage küpsetatud koorik pitsaalusele.

d) Määri sojakaste ühtlaselt taignale, jättes servale 1/2-tollise äärise. Puista rebitud mozzarella ühtlaselt kastmele.

e) Kata pitsale Kanada peekonit, ananassitükke ja viilutatud talisibulat – seejärel puista seesamiseemned ühtlaselt pirukale.

f) Libista koorik koorelt väga kuumale kivile või aseta pirukas ahjuplaadile või küpsetuspaberiga kaetud ahjuplaadile või grillile kuumutamata osa kohale. Küpsetage või grillige suletud kaanega, kuni juust on sulanud ja koorik on kuldpruun, 16–18 minutit.

g) Libistage koor tagasi kooriku alla, et see kuumalt kivilt eemaldada, või asetage pirukas selle alusele või küpsetusplaadile restile. Jahuta pitsat koorel või küpsetusrestil 5 minutit enne viilutamist. Kooriku krõmpsumise tagamiseks tõstke pitsa umbes minuti pärast koorelt, aluselt või küpsetusplaadilt otse restile.

## 16. Pot Pie Pizza

**Koostis**

- Kollane maisijahu pitsakoore jaoks või mittenakkuv pihusti pitsaaluse jaoks
- 1 omatehtud tainas
- 1 spl soolata võid
- 1 1/2 spl universaalset jahu
- 1 tass toatemperatuuril madala rasvasisaldusega või rasvavaba täispiima
- 1 spl Dijoni sinepit
- 1 1/2 tl vartega tüümiani lehti või 1 tl kuivatatud tüümiani
- 1 tl hakitud salveilehti või 1/2 tl kuivatatud salvei
- 1 tass tükeldatud, nahaga, konditustatud, keedetud kana- või kalkuniliha
- 2 tassi külmutatud köögivilju, sulatatud
- 2 tl Worcestershire'i kastet
- 1/2 tl soola
- 1/2 tl värskelt jahvatatud musta pipart

- Mitu kriipsu kuuma punase pipra kastet
- 6 untsi Gouda, Emmentali, Šveitsi või Cheddari, hakitud

**Juhised**

a) Värske tainas pitsakivil. Alustuseks puista pitsa koor maisijahuga, seejärel aseta tainas selle keskele. Suruge tainas sõrmeotstega suureks lamedaks ringiks – seejärel võtke see üles, hoidke servast kinni ja pöörake seda enda ees, venitades samal ajal õrnalt, kuni selle läbimõõt on umbes 14 tolli. Aseta vormitud tainas maisijahust pool allapoole koorele.

b) Värske tainas pitsaplaadil. Määri üht või teist mittenakkuva pihustiga. Asetage tainas kummagi keskele ja süvendage tainas sõrmeotstega – seejärel tõmmake ja vajutage seda, kuni see moodustab alusele umbes 14-tollise läbimõõduga ringi või küpsetusplaadile 12 × 7-tollise ebakorrapärase ristküliku.

c) Küpsetatud koorik. Kui kasutate pitsakivi, asetage see maisijahuga tolmutatud pitsakoorele või asetage küpsetatud koorik otse pitsaalusele.

d) Sulata või suures kastrulis keskmisel kuumusel. Vahusta jahu parajalt ühtlaseks vahuks, seejärel jätka vahustamist tulel heleblondiks, umbes
e) sekundit.
f) Vahusta piim aeglase ühtlase joana. Jätka vahustamist tulel, kuni see pakseneb, umbes nagu sulanud jäätis. Klopi sisse sinep ja ürdid.
g) Eemaldage pann tulelt ja segage liha ja köögiviljad ning seejärel Worcestershire'i kaste, sool, pipar ja terav punase pipra kaste (maitse järgi).
h) Sega hulka riivitud juust, kuni kõik on ühtlane ja kastmega kaetud.
i) Jaotage ühtlaselt koorikule, jättes servale 1/2-tollise äärise.
j) Libista koorik koorelt kivile või aseta pirukas ahjuplaadile või küpsetusplaadile ahju või grilli kuumutamata osa kohale. Küpsetage või grillige suletud kaanega, kuni täidis mullitab ja koorik on muutunud kuldpruuniks ja katsudes pisut tihkeks, umbes 18 minutit. Kontrollige aeg-ajalt värsket tainast valmistatud pirukat, et veenduda, et kooriku sees ei oleks õhumulle.
k) Tõmmake koor tagasi kooriku alla, et pirukas kivilt eemaldada, või asetage pirukas alusele või küpsetusplaadile restile. Enne viilutamist pane 5 minutiks jahtuma. Soovi korral tõsta pirukas umbes minuti pärast otse restile, et lasta

koorikul veidi jahtuda, ilma et see jääks vastu teist kuuma pinda.

## 17. Kartuli, sibula ja chutney pizza

## Koostis

- Universaalne jahu pitsakoore puhastamiseks või mittenakkuv pihusti pitsaaluse määrimiseks

- 1 omatehtud tainas

- 12 untsi (3/4 naela) valget keedukartulit, näiteks iiri kingsepad, kooritud

- 6 supilusikatäit mango-, mustika- või mõne muu puuviljapõhise chutney-d

- chutney

- 6 untsi Monterey Jack, riivitud

- 3 spl hakitud tillilehti või 1 sl kuivatatud tilli

- 1 suur magus sibul, näiteks Vidalia


## Juhised

a) Värske tainas pitsakivil. Puista pitsakoor kergelt jahuga. Lisa tainas ja vormi sellest näpuotstega lohutades suur ring. Tõstke see üles, hoidke selle servast kinni ja pöörake seda aeglaselt, venitades seda kogu aeg, kuni selle läbimõõt on umbes 14 tolli. Tõsta tainas koorele, jahune pool allpool.

b) Värske tainas pitsaplaadil. Määri plaat või küpsetusplaat mittenakkuva pihustiga. Asetage tainas sõrmeotstega kas süvendi keskele, kuni see on paks, lapik ring – seejärel tõmmake ja suruge tainast, kuni see moodustab alusele 14-tollise ringi või ebakorrapärase 12 × 7-tollise ristküliku. küpsetusplaat.
c) Küpsetatud koorik. Kui kasutate pitsakivi, asetage see pitsakoorele või asetage küpsetatud koorik pitsaalusele. Kuni ahi või grill kuumeneb, lase suures köögiviljaaurutiga varustatud kastrulis umbes 1-tolline vesi keema. Lisa kartulid, kata kaanega, alanda kuumust keskmisele ja auruta kahvliga läbitorkamisel pehmeks, umbes 10 minutit. Tõsta kraanikaussi asetatud kurn ja jahuta 5 minutit, seejärel viiluta väga õhukesteks ringideks.
d) Jaotage chutney ühtlaselt ettevalmistatud koorikule, jättes servale umbes 1/2-tollise äärise. Tõsta peale ühtlaselt riivitud Monterey Jack. Laota kartuliviilud ühtlaselt ja dekoratiivselt piruka peale, seejärel puista üle tilliga. Lõika sibul läbi varre pooleks. Asetage see lõikelauale lõikepool allapoole ja kasutage paberõhukeste viilude tegemiseks väga teravat nuga. Eraldage need viilud eraldi ribadeks ja asetage need pirukale.
e) Libistage pirukas koorelt väga kuumale kivile, jälgides, et katted paigal jääksid, või asetage

pirukas ahjuplaadile või küpsetusplaadile kas ahju või grillresti sellele osale, mis pole otse kuumuse kohal. allikas. Küpsetage või grillige suletud kaanega, kuni koorik on servast kergelt pruunistunud, alumine pool veelgi tumedam, 16-18 minutit. Kui värske taigna serva või keskele tekivad õhumullid, raputage need kahvliga ühtlase kooriku saamiseks.

f) Libista koor tagasi kuuma piruka alla kivile või tõsta pirukas selle alusele või ahjuplaadile restile. Enne viilutamist ja serveerimist tõsta 5 minutiks külma.

## 18.    Prosciutto ja rukola pitsa

**Koostis**

- Universaalne jahu pitsakoore jaoks või oliiviõli pitsaaluse jaoks
- 1 omatehtud tainas
- 1/4 tassi klassikalist pitsakastet
- 3 untsi värsket mozzarellat, õhukeselt viilutatud
- 1/2 tassi pakitud rukola lehti, paksud varred eemaldatud 2 untsi prosciuttot,
- supilusikatäis palsamiäädikat

**Juhised**

a) Värske tainas pitsakivil. Puista pitsakoor jahuga, asetage tainas selle keskele ja tõmmake tainas sõrmeotstega suureks lapikuks ringiks. Võtke see üles ja kujundage see oma kätega, hoides servast kinni, aeglaselt keerates ja venitades, kuni selle läbimõõt on umbes 14 tolli. Tõsta vormitud tainas jahuga kaetud pool allapoole koorele.

b) Värske tainas pitsaplaadil. Määri kas kergelt paberrätikule määritud oliiviõliga. Asetage tainas alusele või küpsetusplaadile süvendage tainas sõrmeotstega – seejärel tõmmake ja vajutage seda, kuni see moodustab plaadile 14-tollise ringi või küpsetusplaadile 12 × 7-tollise üsna ebakorrapärase ristküliku.

c) Kui kasutate pitsakivi, asetage see jahusele pitsakoorele või asetage küpsetatud koorik pitsaalusele. Määri pitsakaste ühtlaselt kooriku peale, jättes servale 1/2-tollise äärise. Laota mozzarellaviilud ühtlaselt piruka peale, hoides see piir puhtana.

d) Laota rukolalehed pirukale, seejärel tõsta peale prosciutto ribad. Libista pitsa koorelt kuumale kivile või aseta pirukas koos pitsaga ahjuplaadile või küpsetusplaadile kas ahju või grillresti sellele osale, mis ei asu otse soojusallika kohal.

e) Küpsetage või grillige suletud kaanega, kuni koorik on kuldne ja pisut tahke ning juust sulanud, 14–16 minutit. Kui töötate värske tainaga, kontrollige seda esimese 10 minuti jooksul, et saaksite tekkida mullid, eriti servas. Libista koor kuuma piruka alla tagasi, et see kivilt maha võtta, või tõsta pirukas selle alusele või küpsetusplaadile restile. Nirista pirukas üle palsamiäädikaga ja tõsta seejärel enne viilutamist 5 minutiks jahtuma.

## 19. Ruubeni pitsa

**Koostis**

- Kas universaalne jahu koorimiseks või mittenakkuv pihusti pitsaplaadi või küpsetusplaadi jaoks
- 1 omatehtud tainas
- 3 spl deli sinepit
- 1 tass nõrutatud hapukapsast
- 6 untsi Šveitsi, Emmentali, Jarlsbergi või Jarlsbergi kerget, hakitud
- 4 untsi keedetud deli soolatud veiseliha, lõigatud paksudeks viiludeks ja tükeldatud

**Juhised**

a) Värske tainas pitsakivil. Puista pitsakoor jahuga ja aseta tainas selle keskele. Vormi tainast sõrmeotstega lohutades suur ring.
b) Võtke see üles ja vormige see kätega, hoides selle servast kinni, keerates aeglaselt tainast ja sirutades selle serva õrnalt, kuni selle läbimõõt on umbes 14 tolli. Asetage see jahune pool allapoole koorele.

c) Värske tainas pitsaplaadil. Määrige kumbki mittenakkuva pihustiga. Asetage tainas kummagi keskele ja tõmmake tainasse sõrmeotstega süvendid, kuni see on paks, lapik ring – seejärel tõmmake ja suruge tainast, kuni see moodustab pitsaalusele 14-tollise ringi või ebakorrapärase 12 × 7-tollise ristküliku. küpsetusplaadile.

d) Küpsetatud koorik. Kui kasutate pitsakivi, asetage see pitsakoorele või asetage küpsetatud koorik otse pitsaalusele.

e) Määri sinep ühtlaselt ettevalmistatud koorikule, jättes servale 1/2-tollise äärise. Määri hapukapsas ühtlaselt sinepi peale.

f) Tõsta pirukas peale riivitud juust, seejärel hakitud soolaliha. Libistage pitsa ettevaatlikult koorelt kuumutatud kivile või asetage pirukas ahju alusele või küpsetusplaadile või grillresti kohale, mitte otse kuumuse või söe kohale.

g) Küpsetage või grillige suletud kaanega, kuni koorik on kõvastunud ja muutunud kuldseks ning kuni juust on sulanud ja veidi pruunistunud, 16–18 minutit. Kui värskele taignale, eriti selle servale, tekivad õhumullid, tõstke need ühtlaseks kooriks. Libistage koor tagasi pitsa alla, jälgides, et kate ei eralduks, eemaldage pirukas kuumalt kivilt või asetage pirukas selle alusele või küpsetusplaadile restile. Enne viilutamist ja serveerimist tõsta 5 minutiks jahtuma .

## 20. Röstitud juurtega pitsa

**Koostis**

- Universaalne jahu pitsakoore puhastamiseks või oliiviõli pitsaaluse määrimiseks

- 1 omatehtud tainas

- 1/2 suurt küüslaugupead

- 1/2 väikest maguskartulit, kooritud, pikuti poolitatud ja õhukesteks viiludeks

- 1/2 väikest apteegitilli sibulat, poolitatud, kärbitud ja õhukesteks viiludeks

- 1/2 väikest pastinaaki, kooritud, pikuti poolitatud ja õhukesteks viiludeks

- 1 spl oliiviõli

- 1/2 tl soola

- 4 untsi (1/4 naela) mozzarellat, hakitud

- 1 unts Parmigiana, peeneks riivitud

- 1 spl siirupist palsamiäädikat

## Juhised

a) Värske tainas pitsakivil. Puista pitsakoor kergelt jahuga. Lisa tainas ja vormi sellest näpuotstega lohutades suur ring. Tõstke see üles, hoidke seda mõlema käega servast ja pöörake seda aeglaselt, venitades iga kord veidi serva, kuni ringi läbimõõt on umbes 14 tolli. Tõsta koorele jahune pool allpool.

b) Värske tainas pitsaplaadil. Määri plaat või küpsetusplaat paberrätikule määritud oliiviõliga. Asetage tainas sõrmeotstega kas taigna süvendi keskele – seejärel tõmmake ja vajutage seda, kuni see moodustab alusele 14-tollise ringi või küpsetusplaadile ebakorrapärase ristküliku, mille suurus on umbes 12 × 7 tolli.

c) Küpsetatud koorik. Kui kasutate pitsakivi, asetage see jahusele pitsakoorele või asetage küpsetatud koorik otse pitsaalusele.

d) Mähi koorimata küüslauguküüned väikesesse alumiiniumfooliumpakendisse ja küpseta või grilli otse tulel 40 minutit.

e) Vahepeal viska bataat, apteegitill ja pastinaak suurde kaussi koos oliiviõli ja soolaga. Kalla kausi sisu suurele ahjuplaadile. Asetage ahju või grilli kuumutamata osale ja röstige aeg-ajalt keerates pehmeks ja magusaks 15–20 minutit.

f) Viige küüslauk lõikelauale ja avage pakend, pöörates tähelepanu aurule. Tõsta ka küpsetusplaat koos köögiviljadega restile kõrvale.

g) Tõstke ahju või gaasigrilli temperatuur 450 °F-ni või lisage söegrillile veel mõned söed, et kuumust veidi tõsta.

h) Määri purustatud mozzarella ettevalmistatud koorikule, jättes servale 1/2-tollise äärise. Pange juust peale kõigi köögiviljadega, pigistage paberistest kestadest välja viljakas ja pehme küüslauk pirukale. Tõsta peale riivitud Parmigiana.

i) Libista pitsa koorelt kuumale kivile või aseta pitsa alusele või küpsetusplaadile kas ahju või grilli kuumutamata osa kohale. Küpsetage või grillige suletud kaanega, kuni koorik on muutunud kuldpruuniks ja selle põhjalt isegi veidi tumenenud, kuni juust on sulanud ja hakanud pruunistuma, 16 kuni minutit. Värskes tainas võib esimese 10 minuti jooksul tekkida õhumulle; eriti selle servast poputage need kahvliga ühtlase kooriku tagamiseks.

j) Lükake koor tagasi kooriku alla, et see kuumalt kivilt eemaldada, või tõstke pitsa alusele või küpsetusplaadile restile. Tõsta 5 minutiks kõrvale. Kooriku krõmpsana hoidmiseks võiksite piruka koorelt, aluselt või jahuplaadilt tõsta otse restile, et see umbes minuti pärast jahtuda. Kui pirukas on veidi jahtunud, nirista peale palsamiäädikat, seejärel lõika serveerimiseks viiludeks.

## 21. Vorst ja õunapitsa

## Koostis

- Kollane maisijahu pitsakoore tolmuks või mittenakkuv pihusti pitsaaluse määrimiseks
- 1 omatehtud tainas,
- 1 spl oliiviõli
- untsi (1/2 naela) kana- või kalkunivorsti
- 1 spl jämedalt jahvatatud sinepit
- 6 untsi Fontina, hakitud
- 1 väike roheline õun, eelistatavalt hapukas õun
- 2 spl hakitud rosmariinilehti
- 11/2 untsi Parmigiana, Pecorino või Grana Padano, peeneks riivitud

## Juhised

a) Värske tainas pitsakivil. Puista pitsakoor kergelt maisijahuga. Lisa tainas ja vormi sellest näpuotstega lohutades suur ring. Tõstke see üles ja kujundage see, hoides selle serva mõlema käega, pöörates seda aeglaselt ja venitades seda kogu aeg õrnalt, kuni ringi

läbimõõt on umbes 14 tolli. Asetage tainas koorele maisijahu pool allpool.
b) Värske tainas pitsaplaadil. Määri üht või teist mittenakkuva pihustiga. Asetage tainas sõrmeotstega kummagi taigna süvendi keskele, kuni see on paks ja lame ring. Seejärel tõmmake ja vajutage seda, kuni see moodustab alusele 14-tollise ringi või küpsetusplaadile 12 × 7-tollise ebakorrapärase ristküliku.
c) Küpsetatud koorik. Kui kasutate pitsakivi, asetage see maisijahuga tolmutatud pitsakoorele või asetage küpsetatud koorik pitsaalusele. Kuumuta suur pann keskmisel kuumusel. Keera sisse oliiviõli, seejärel lisa vorst. Küpseta aeg-ajalt keerates, kuni see on igast küljest hästi pruunistunud ja läbi küpsenud. Tõsta lõikelauale ja viiluta õhukesteks ringideks. Määri sinep ühtlaselt ettevalmistatud koorikule, jättes servale 1/2-tollise äärise. Tõsta peale hakitud Fontina, seejärel laota viilutatud vorst ühtlaselt pirukale. Tõsta õunaviilud vorstivormide vahele, seejärel puista peale üks hakitud ürtidest ja riivjuust.
d) Kui olete kasutanud pitsaplaati või küpsetusplaati, libistage pitsa koorelt väga kuumale kivile, asetage see koos pirukaga ahju või grilli soojendamata osa kohale. Küpsetage või grillige suletud kaanega, kuni juust on sulanud ja mullitav ning koorik on hakanud

servadest kuldpruuniks muutuma, alumisel küljel isegi tumedamaks pruuniks, 16–18 minutit. Kui töötate värske tainaga, eemaldage kõik õhumullid, mis tekivad selle servas küpsetamise või grillimise esimese 10 minuti jooksul.

e) Libista koor tagasi piruka alla, et see kivilt maha võtta, või tõsta pirukas selle alusele või küpsetusplaadile restile.

## 22. Shiitake pizza

## Koostis

- Universaalne jahu pitsakoore jaoks või mittenakkuv pihusti pitsaaluse jaoks
- 1 omatehtud tainas,
- 8 untsi (1/2 naela) pehmet siidist tofut
- 6 untsi shiitake seente kübarad, varred eemaldatud ja ära visatud, kübarad õhukeselt viilutatud
- 3 keskmist sibulat õhukesteks viiludeks
- 2 tl Aasia punast tšillipastat
- 2 tl hakitud kooritud värsket ingverit
- 1 tl tavalist või vähendatud naatriumisisaldusega sojakastet
- 1 tl röstitud seesamiõli

## Juhised

a) Värske tainas pitsakivil. Puista pitsakoor kergelt jahuga. Asetage tainas selle keskele ja vormige tainast sõrmeotstega süvendite abil paks lame ring. Tõstke see üles, hoidke seda

mõlema käega servast ja pöörake seda servast aeglaselt venitades, kuni ringi läbimõõt on umbes 14 tolli. Asetage see jahune pool allapoole koorele.
b) Värske tainas pitsaplaadil. Määri plaat või küpsetusplaat mittenakkuva pihustiga. Asetage tainas sõrmeotstega kas taigna süvendile - seejärel tõmmake ja suruge seda, kuni see moodustab alusele 14-tollise ringi või küpsetusplaadile ebakorrapärase 12 × 7-tollise ristküliku.
c) Küpsetatud koorik. Kui kasutate pitsakivi, asetage see pitsakoorele või asetage küpsetatud koorik otse pitsaalusele.
d) Töötle tofu hakkimisteraga köögikombainis ühtlaseks ja kreemjaks. Määri ettevalmistatud koorele, jättes selle servale 1/2-tollise äärise.
e) Tõsta tofu peale viilutatud seenekübarad ja talisibul. Puista tšillipasta, ingver, sojakaste ja seesamiõli ühtlaselt lisanditele. Libistage pirukas koorelt kuumale kivile või asetage pirukas selle alusele või küpsetusplaadile kas ahju või grillresti soojendamata osa kohale.
f) Küpsetage või grillige suletud kaanega, kuni koorik on kuldpruun ja katsudes pisut kõva, 16–18 minutit. Kontrollige värsket tainast paar korda, et veenduda, et seal pole õhumulle, eriti selle servas, kui jah, siis raputage need kahvliga ühtlase kooriku tagamiseks. Kui see on valmis, libistage koor tagasi piruka alla, et see kuumalt

kivilt eemaldada, või asetage pirukas selle alusele või küpsetusplaadile restile. Enne viilutamist ja serveerimist tõsta 5 minutiks külma.

## 23. Spinati ja Ricotta pizza

## Koostis

- Kas universaalne jahu pitsakoore puhastamiseks
- 1 omatehtud tainas
- 2 spl rapsiõli
- 3 küüslauguküünt, hakitud
- 6 untsi beebispinati lehti
- 1/4 tl riivitud või jahvatatud muskaatpähklit
- 1/4 tl punase pipra helbeid
- 1/2 tassi kuiva valget veini või kuiva vermutit
- 1/4 tassi tavalist, madala rasvasisaldusega või rasvavaba ricottat
- 11 /2 untsi Parmigiana, peeneks riivitud
- 1/2 tl soola
- 1/2 tl värskelt jahvatatud musta pipart

## Juhised

a) Värske tainas pitsakivil. Puista pitsakoor kergelt jahuga. Lisa tainas ja vormi sellest

näpuotstega lohutades suur ring. Võtke see üles ja vormige see kätega, hoides selle servast kinni, keerates aeglaselt tainast ja sirutades selle serva umbes 14 tolli läbimõõduni. Tõsta tainas koorele, jahune pool allpool.
b) Värske tainas pitsaplaadil. Määri plaat või küpsetusplaat mittenakkuva pihustiga. Asetage tainas sõrmeotstega ühele taignalohule, kuni see on paks ja lame ring – seejärel tõmmake ja vajutage seda, kuni see moodustab plaadil 14-tollise ringi või küpsetusplaadile ebakorrapärase 12 × 7-tollise ristküliku.
c) Küpsetatud koorik. Kui kasutate pitsakivi, asetage see pitsakoorele või asetage küpsetatud koorik otse pitsaalusele. Kuumuta suur pann keskmisel kuumusel. Keerake õlis, seejärel lisage küüslauk ja küpseta 30 sekundit. Segage spinatit, muskaatpähklit ja punase pipra helbeid, kuni lehed hakkavad närbuma, seejärel valage veini. Küpseta pidevalt segades, kuni spinat on täielikult närbunud ja pann on peaaegu kuiv. Tõsta pann tulelt ja sega ricotta, riivitud Parmigiana, soola ja pipraga ühtlaseks massiks.
d) Määri spinatisegu ettevalmistatud koorikule, jättes servale 1/2-tollise äärise. Libista pitsa koorelt kuumale kivile või aseta pitsa selle alusele või küpsetusplaadile kas ahju või grillresti soojendamata osa kohale.
e) Küpsetage või grillige suletud kaanega, kuni täidis on tahenenud ja kergelt pruunistunud, kuni

koorik on mõnevõrra tihke, 16–18 minutit. Lükake koor tagasi pitsa alla, et see kuumalt kivilt eemaldada, või asetage pirukas selle alusele või küpsetusplaadile restile. Enne viilutamist ja serveerimist tõsta 5 minutiks külma. Krõmpsuva kooriku tagamiseks tõsta pirukas mõne minuti pärast koorelt, aluselt või küpsetusplaadilt otse restile.

## 24. Rukola salati pitsa

## Koostis

- Üks 16 untsi. pakend külmkapis täistera pitsatainast või täistera pitsataignast
- Maisijahu
- 1/3 tassi marinara kastet
- $1\frac{1}{2}$ tl kuivatatud pune
- 1 tass hakitud taimset juustu
- 2 tassi segatud värsket rukolat ja beebispinatit
- $1\frac{1}{2}$ tassi värskeid kirsstomateid (kollased), poolitatud
- $\frac{1}{2}$ keskmist punast paprikat, tükeldatud
- 1 küps keskmine avokaado, viilutatud $\frac{1}{4}$ tassi röstitud pistaatsiapähklid
- 1 spl palsamiäädikat

## Juhised

a) Kuumuta ahi temperatuurini 350 °F. Rulli pitsa tainas lahti, et see sobiks 14-tollise pitsapanni või pitsakiviga. Puista pannile või kivile maisijahu ja aseta peale tainas. Määri marinara kaste taignale ning puista peale pune ja taimne juust. Asetage pann või kivi ahju ja küpsetage 30–35 minutit, kuni koorik on katsudes kuldne ja kõva.

b) Viimasel minutil enne serveerimist eemaldage ahjust koorik ning pange peale rukola ja beebispinat, tomatid, paprika, avokaado ja pistaatsiapähklid. Rohelised närbuvad kiiresti. Nirista üle äädika ja oliiviõliga. Serveeri kohe.

## 25. Avocado 'N Everything Pizza

**Koostis**

- 2 tassi petipiima küpsetussegu
- 1/2 tassi kuuma vett
- 1 purk (8 untsi) tomatikastet
- 1/4 tassi hakitud rohelist sibulat
- 1/2 tassi hakitud mozzarella juustu
- 1/2 tassi viilutatud seeni
- 1/3 tassi viilutatud küpseid oliive
- 1 väike tomat, viilutatud
- 2 spl oliiviõli
- 1 avokaado, seemnetest puhastatud, kooritud ja viilutatud Värsked basiilikulehed, valikuline

**Juhised**

a) Kuumuta ahi temperatuurini 425 F. Segage petipiimasegu ja vesi kahvliga väikeses kausis. Patsutage või rullige määrimata küpsetusplaadil või pitsapannil 12-tolliseks ringiks.
b) Sega kokku tomatikaste ja pitsatainale määritud roheline sibul. Tõsta peale juust,

seened, oliivid ja tomativiilud. Nirista peale oliiviõli.

c) Küpseta 15 kuni 20 minutit või kuni kooriku serv on kuldpruun. Eemalda pitsa ahjust ja laota peale avokaadoviilud. Kaunista basiilikulehtedega ja serveeri.

## 26.     BBQ kanapitsa

## Koostis

- 3 kondita kana rinnapoolikut, keedetud ja kuubikuteks lõigatud
- 1 tass hikkori maitsega grillkastet
- 1 spl mett
- 1 tl melassi
- 1/3 tassi pruuni suhkrut
- 1/2 hunnik värsket koriandrit, hakitud
- 1 (12 tolli) eelküpsetatud pitsakoor
- 1 tass suitsutatud Gouda juustu, tükeldatud
- 1 tass õhukeselt viilutatud punast sibulat

## Juhised

a) Kuumuta ahi 425 F-ni. Sega kastrulis keskmisel kuumusel kana, barbeque-kaste, mesi, melass, pruun suhkur ja koriander. Kuumuta keemiseni.
b) Määri kanasegu ühtlaselt pitsapõhjale ning tõsta peale juust ja sibul.
c) Küpseta 15 kuni 20 minutit või kuni juust on sulanud.

## 27. BBQ maasikapitsa

**Koostis**

- 1 pitsa tainas (eelvalmistatud toidupoest on suurepärane aja kokkuhoid)
- 250 grammi (1 tass) boursini juustu (peened ürdid ja küüslauk)
- 2 supilusikatäit balsamico glasuuri
- 2 tassi viilutatud maasikaid
- 1/3 tassi hakitud basiilikut
- pipar maitse järgi
- 1 sl oliiviõli niristamiseks
- kaunistuseks raseeritud parmesan

**Juhised**

a) Küpseta pitsapõhja BBQ-l (kõrgel kuumusel) või ahjus.
b) Tõsta tulelt ja määri ürdi-toorjuustuga.
c) Puista peale basiilikut ja maasikaid. Nirista üle oliiviõli ja balsamico glasuuriga ning kaunista pipra (maitse järgi) ja hakitud parmesaniga

## 28. Broccoli Deep Dish Pizza

**Koostis**

- 1 pakk kuivpärmi
- 1 1/3 c sooja vett
- 1 t suhkrut
- 3 1/2 c pleegitamata jahu
- 1 c koogijahu
- 1 1/2 t soola
- 1 c pluss 2 T oliiviõli
- 3 t hakitud küüslauku
- (1) 15 untsi purki tomatikastet
- (1) 12 untsi purki tomatipastat
- 2 t pune
- 2 t basiilikut
- 2 c viilutatud seeni Sool ja pipar
- 1 nael Itaalia vorst (kuum või magus)
- 1/2 t purustatud apteegitilli seemneid
- 2 T võid

- 8 c blanšeeritud, jämedalt hakitud brokolit
- 1 T lühendamine
- 3 1/2 c riivitud mozzarella juustu
- 1/2 c riivitud parmesani juustu

**Juhised**

a) Lahusta pärm soojas vees ja sega juurde suhkur. Sega jahud ja sool ning lisa järk-järgult lahustunud pärm ja 1/4 tassi õli. Sõtku, kuni tekstuur on ühtlane. Pane suurde kaussi, kata kilega ja lase kerkida kolmekordseks lahtiselt (2-3 tundi).

b) Vahepeal valmista täidised. Kuumuta pannil 1/4 tassi õli, lisa 2 t küüslauku ja küpseta 30 sekundit (ilma pruunistamata). Sega hulka tomatikaste ja -pasta, hauta kuni paksenemiseni. Sega juurde basiilik ja pune, tõsta kõrvale jahtuma.

c) Pea 2 T õli ja prae seeni, kuni need on kergelt pruunid ja vedelik on aurustunud. Maitsesta maitse järgi ja tõsta kõrvale jahtuma.

d) Eemaldage ja visake vorstilt sooled, murendage ja lisage vorst koos apteegitilliga pannile. Küpseta hoolikalt, eemalda ja jahuta. Kuumuta või ja 2 T õli 1 t küüslaugu juures ning sega 30 sekundit. Segage brokkolit, kuni see on hästi kaetud ja kogu vedelik on aurustunud. Maitsesta maitse järgi kõrvale.

e) Kui tainas on kerkinud, suru alla. Lõika umbes 2/5 sellest ära ja tõsta kõrvale. Määri 14 x 1 1/2-tolline pitsapann rasvaga. Rulli 3/5 taignast jahusel laual 20-tolliseks ringiks. Paigaldage pannile, jättes üleliigsel taignal külje peale rippuma. Pintselda tainast 1 T õliga, puista peale soola. Puista 1 c mozzarellat taignale.

f) Määri tomatikaste juustule, määri seened tomatitele ja kata 1 c mozzarellaga.

g) Rulli ülejäänud tainas umbes 14-tolliseks ringiks. Pintselda panni sees olevad taigna küljed veega. Paigalda 14-tolline ümmargune vorm pannile.

h) Suru servad (vajadusel tõmba) vastu niisutatud tainast, et see kinnituks. Kärbi üleulatuv tainas 1/2 tolli pikkuseks ja niisuta see uuesti.

i) Voldi sissepoole ja suru kokku, et moodustada ümber panni serva kõrgendatud serv. Lõika taigna ülemisse kihti auruava ja pintselda 1 T õliga. Määri vorst taignale ja kata brokkoliga.
j) Segage ülejäänud juustud ja piserdage brokkoli tilgutile 1/4 c õli.
k) Küpseta eelkuumutatud 425-kraadises ahjus 30-40 minutit. Külmub hästi.

## 29. Buffalo kana pizza pirukad

**Koostis**

- Üks 12-untsine pakk täisterast inglise muffinit (6 muffinit)

- 1 keskmine oranž paprika, lõigatud $\frac{1}{4}$-tollisteks kuubikuteks (umbes 1 $\frac{1}{4}$ tassi)

- 1 spl rapsiõli

- 12 untsi kondita, nahata kana rinnapoolikud, lõigatud $\frac{1}{2}$-tollisteks kuubikuteks

- Pool tassi pastakastet

- 1 spl Buffalo kastet

- 1 spl sinihallitusjuustu kastet

- 1 kuni 1 $\frac{1}{2}$ tassi hakitud, osaliselt kooritud mozzarella juustu

**Juhised**

a) Kuumuta ahi 400 °F-ni. Lõika inglise muffinid pooleks ja aseta ahjuplaadile. Rösti ahjus umbes 5 minutit. Eemaldage ja asetage kõrvale. Kuumutage õli suurel mittenakkuval pannil keskmisel-kõrgel kuumusel. Lisage paprika ja küpseta, sageli segades, kuni pehme, umbes 5 minutit.

b) Lisage kana ja küpseta, kuni see ei ole enam roosa, 3-5 minutit. Sega juurde pastakaste, Buffalo kaste ja sinihallitusjuustu kaste ning sega korralikult läbi.

c) Pitsade kokkupanemiseks vala iga muffinipool ühtlaselt kanaseguga. Puista juust ühtlaselt igaühe peale. Küpseta, kuni juust sulab, umbes 5 minutit.

## 30. California pitsa

## Koostis

- 1 tass oliiviõli
- 2 tassi värskeid basiiliku lehti
- 2 küüslauguküünt, hakitud
- 3 supilusikatäit piinia pähkleid
- 1/2 tassi värskelt riivitud parmesani juustu
- 1 sibul, õhukeselt viilutatud
- 1 magus punane paprika, seemnetest puhastatud ja ribadeks viilutatud
- 1 roheline paprika, seemnetest puhastatud ja ribadeks viilutatud
- 2 spl oliiviõli
- 1 spl vett
- 1/2 naela küüslaugu ja apteegitilli vorsti või magusat itaalia vorsti 3 untsi kitsejuustu
- 10 untsi Mozzarella juustu, jämedalt riivitud

- 2 spl värskelt riivitud parmesani juustu
- 2 spl maisijahu

**Juhised:**

a) Valmistage tainas Lahustage pärm vees ja asetage kõrvale. Sega kausis jahu, sool ja suhkur. Tee keskele "kaev", vala sinna pärmilahus ja oliiviõli. Blenderda kahvli abil jahu hulka.

b) Kui tainas muutub jäigaks, lisa ülejäänud jahu käsitsi. Koguge palliks ja sõtke jahusel laual kaheksa kuni kümme minutit. Aseta õliga kaetud kaussi, kata niiske lapiga ja lase soojas tuuletõmbuseta kohas kerkida, kuni see kahekordistub, umbes kaks tundi.

c) Valmista pestokaste blenderi või köögikombaini abil. Sega kõik peale juustu. Töötle, kuid ära valmista püreed. Sega juurde juust. Määra külg. Prae sibul ja paprika suurel pannil keskmisel kuumusel ühes supilusikatäis oliiviõlis ja vees. Sega sageli, kuni paprika on pehme. Nõruta ja tõsta kõrvale. Pruun vorst, mis laguneb küpsemise ajal tükkideks. Kurna liigne rasv ära. Haki jämedalt ja tõsta kõrvale.

d) Kuumuta ahi 400 kraadini. Määri ülejäänud oliiviõli ühtlaselt 12-tollise pitsapanni peale. Puista peale maisijahu. Suru pitsatainast alla, suru taignarulliga kergelt lamedaks, keera ja lameda sõrmedega. Pane tainas pannile ja aja sõrmeotstega laiali. Küpseta viis minutit. Määri taignale pestokaste. Murenda kitsejuust ühtlaselt pesto peale. Lisa sibul ja paprika, vorst ja juustud. Küpseta 10 minutit või kuni koorik on kergelt pruun ja juust kihisev.

## 31. Karamelliseeritud sibula pitsa

**Koostis**

- 1/4 tassi oliiviõli sibulate praadimiseks
- 6 tassi õhukeselt viilutatud sibulat (umbes 3 naela)
- 6 küüslauguküünt
- 3 spl. värsket tüümiani või 1 spl. kuivatatud tüümian
- 1 loorberileht
- sool ja pipar
- 2 spl. õli pitsa peale tilgutamiseks (valikuline)
- 1 spl. nõrutatud kapparid
- 1-1/2 spl. männi pähklid

**Juhised:**

a) Kuumuta 1/4 tassi oliiviõli ja lisa sibul, küüslauk, tüümian ja loorberileht. Küpseta aeg-ajalt segades, kuni suurem osa niiskusest on aurustunud ja sibula segu on väga pehme, peaaegu ühtlane ja karamelliseerunud, umbes 45 minutit. Viska loorberileht ära ning maitsesta soola ja pipraga.

b) Kata tainas sibulaseguga, puista peale kappareid ja piiniaseemneid ning nirista peale ülejäänud oliiviõli, kui kasutad.
c) Küpseta eelkuumutatud 500-kraadises ahjus 10 minutit või kuni kuldpruunini. Küpsetusaeg varieerub sõltuvalt sellest, kas küpsetate kivil, sõelal või pannil.
d) Enne pitsa panemist veenduge, et teie ahi on korralikult eelsoojendatud.

## 32. Juust Calzone

**Koostis**

- 1 nael ricotta juustu
- 1 tass hakitud mozzarellat
- näputäis musta pipart
- NY stiilis pizza tainas
- Kuumuta ahi 500 F-ni.

**Juhised:**

a) Võtke 6 untsi. taignapall ja aseta jahusele pinnale. Levitage sõrmeotstega 6-tolliseks ringiks. Asetage 2/3 tassi juustu

b) sega ühelt poolt ja keera teisele poole. Sulgege sõrmeotstega, veendudes, et tihendis ei oleks juustu segu. Tiheda tiheduse tagamiseks suruge serv kokku. Patsuta calzone'i seest ühtlaseks täidiseks. Kontrollige uuesti tihendit lekete suhtes. Korrake seda teistega.

c) Asetage calzones kergelt määritud ahjuplaadile. Küpsetamise ajal õhutamiseks tehke kummagi ülaosasse 1-tolline pilu. Aseta ahju keskele ja küpseta 10–12 minutit või kuni kuldpruunini. Serveeri oma lemmiktomatikastmega soojendatult, kas pealt või kõrvale kastmiseks.

## 33. Kirsi mandli pizza

**Koostis**

- Tainas
- 2 munavalget
- 125 g (4 untsi - 3/4 tassi) jahvatatud mandleid
- 90 g (3 untsi - 1/2 tassi) tuhksuhkrut paar tilka mandlisesentsi
- 750 g (1 1/2 naela) purk Morello kirsse mahlas
- 60 g (2 untsi - 1/2 tassi) purustatud mandleid
- 3 supilusikatäit MorelOo kirsimoos tuhksuhkrut tolmutamiseks
- vahukoor, kaunistamiseks

**Juhised**

a) Kuumuta ahi 220C-ni (425F. Gaas 7)
b) Vahusta kausis kergelt munavalged. Sega juurde jahvatatud mandlid, tuhksuhkur

ja mandlisesents. Määri segu ühtlaselt pitsapõhjale.

c) Nõruta kirsid, jäta mahl alles. Tõsta lusikaga peale pitsa, jättes paar tükki kaunistuseks. Puista üle mandlihelvestega ja küpseta ahjus 20 minutit, kuni tainas on krõbe ja kuldne.

d) Samal ajal kuumuta kastrulis reserveeritud mahl ja moos siirupiseks. Puista küpsenud pitsa tuhksuhkruga ning kaunista vahukoore ja reserveeritud kirssidega.

## 34. Chicago stiilis pizza

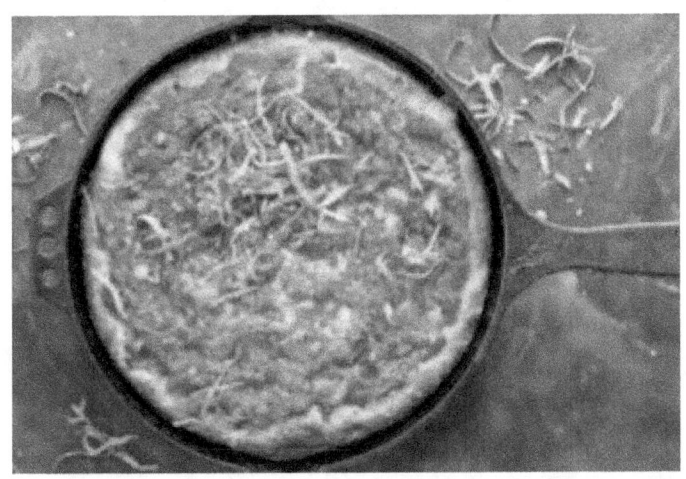

**Koostis**

- 1 tass pitsakastet
- 12 untsi. Riivitud mozzarella juust
- 1/2 naela veisehakkliha, purustatud, keedetud
- 1/4 naela Itaalia vorst, purustatud, keedetud
- 1/4 naela sealihavorst, purustatud, keedetud
- 1/2 tassi pepperoni, kuubikuteks lõigatud
- 1/2 tassi Kanada peekonit, tükeldatud
- 1/2 tassi sink, kuubikuteks lõigatud
- 1/4 naela Seened, viilutatud
- 1 väike sibul, viilutatud
- 1 roheline paprika, seemnetest puhastatud, viilutatud
- 2 untsi Riivitud Parmesani juust

**Juhised**

a) Taigna jaoks puista pärm ja suhkur väikeses kausis sooja vette, lase seista kuni vahuni, umbes 5 minutit.
b) Sega jahu, maisijahu, õli ja sool suures kausis, tee keskele süvend ja lisa pärmisegu. Sega, et moodustuks pehme tainas, vajadusel lisa veel jahu. Tõsta jahuga ülepuistatud lauale ja sõtku, kuni tainas on pehme ja elastne, 7-10 minutit. Tõsta suurde kaussi, kata ja lase soojas kohas kerkida, kuni tainas on kahekordistunud, umbes 1 tund. Löö maha.
c) Rulli tainas 13-tolliseks ringiks. Tõsta õliga määritud 12-tollisele pitsapannile, voldi ülejääk väikese serva moodustamiseks kokku. Määri pitsakastmega ja puista peale kõike peale peotäie mozzarella juustu. Puista peale liha ja juurvilju. Tõsta peale ülejäänud mozzarella ja parmesani juust. Lase soojas kohas kerkida umbes 25 minutit.
d) Kuumuta ahi 475 kraadini. Küpseta pitsat, kuni koor on kuldne, umbes 25 minutit. Enne viilutamist laske 5 minutit seista.

## 35. Deep-Dish Pizza

**Koostis**

- Mittenakkuv küpsetussprei aeglase pliidi sisendi pihustamiseks

- 8 untsi valmistatud pitsatainast (kui see on külmkapis, laske sellel õliga määritud kausis kerkida

- 2 tundi)

- 8 untsi viilutatud (riivimata) mozzarella juustu

- 8 untsi õhukeselt viilutatud pepperoni, eelistatavalt võileiva suurus

- 1/2 tassi poest ostetud pitsakastet

- 1 spl riivitud parmesani

- 6 värsket basiilikulehte, lõigatud šifonaadiks

- Näputäis purustatud punast pipart

**Juhised**

a) Eelsoojendage aeglast pliiti kõrgel kuumusel 20 minutit. Pihustage sisetükki mittekleepuva küpsetusspreiga.
b) Venitage, rullige ja vormige tainas puhtal pinnal umbes sama kujuga kui aeglase pliidi vahetükk. Eesmärk on kena õhuke koorik. Asetage pliidile ja vajadusel ajage laiali. Küpseta kõrgel kuumusel, ILMA KAETSETA, 1 tund ilma lisandita.
c) Tõsta mozzarellaviilud taignale ja külgedelt umbes 1 tolli kõrgusele kooriku kohal. Katke iga viil, liikudes päripäeva ringi, kuni perimeeter on kaetud. Vajadusel asetage veel 1 viil, et katta keskel olev tühi koht. Tõsta kiht pepperoni samamoodi nagu juustu.
d) Seejärel lisage väike kiht pitsakastet.
e) Puista peale parmesan.
f) Küpseta kõrgel kuumusel, kuni juustukoor on tume ja karamelliseerunud ning põhi on kõva ja pruun, veel tund aega. Võtke spaatliga ettevaatlikult aeglasest pliidist välja.
g) Kaunista basiiliku ja purustatud punase pipraga.

## 36. Hollandi ahjupitsa

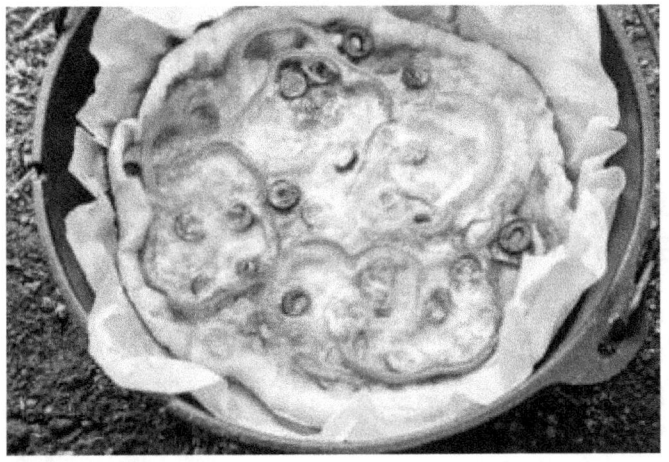

## Koostis

- 2 pkg. poolkuu rullid
- 1 purk pitsakastet
- 1 1/2 naela veisehakkliha
- 8 untsi hakitud cheddari juustu
- 8 untsi hakitud mozzarella juustu
- 4 untsi pepperoni
- 2 tl oreganot
- 1 tl küüslaugupulbrit
- 1 tl sibulapulbrit

## Juhised

a) Pruuni veisehakkliha, kurnata. Line Hollandi ahi 1 pkg. poolkuu rullid. Määri pitsakaste tainale.
b) Lisa jahvatatud veiseliha, pepperoni ja puista peale pune, küüslaugupulber ja sibulapulber. Lisa juustud ja kasuta teist pkg. poolkuu rullides pealmise kooriku moodustamiseks.

c) Küpseta 30 minutit 350 kraadi juures. Muud, näiteks hakitud roheline pipar, hakitud

37. Munasalati pizza koonused

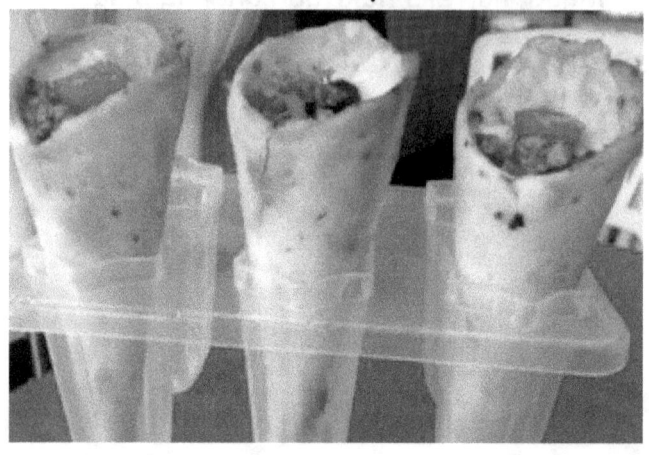

## Koostis

- 1/4 tassi villitud vähendatud rasvasisaldusega kreemjas Itaalia salatikaste
- 1/2 tl Itaalia maitseainet, purustatud
- 6 kõvaks keedetud muna, tükeldatud
- 1/4 tassi viilutatud rohelist sibulat ülaosaga
- 1/4 tassi hakitud pepperoni
- 6 tavalist jäätisekoonust
- Soovi korral tükeldatud seened, roheline paprika, mustad oliivid
- 3/4 tassi pitsakastet
- 2 spl riivitud parmesani juustu

## Juhised

a) Sega keskmises kausis kokku kaste ja maitseained. Sega hulka munad, sibul ja pepperoni. Kata ja jahuta kuni serveerimiseks valmis.

b) Serveerimiseks tõsta igasse käbi umbes 1/3 tassi segu. Kõige peale vala umbes 2 spl pitsakastet ning soovi korral seeni, paprikat ja oliive. Puista igale poole umbes 1 tl juustu.

## 38. Viigimarja, taleggio ja radicchio pitsa

## Koostis

- 3 kuivatatud missiooni viigimarja
- ½ tassi kuiva punast veini
- 2 supilusikatäit tooreid kreeka pähkli tükke"
- Universaalne jahu
- 1 (6 untsi) pall No-Knead Pizza Dough
- 2 spl ekstra neitsioliiviõli
- ½ väikese peaga radicchio, hakitud (umbes ¼ tassi)
- 2 untsi Taleggio või mõni muu terav juust, lõigatud väikesteks tükkideks

## Juhised

a) Eelsoojendage broileri restiga elemendist või leegist 5 tolli kaugusel. Kui kasutate pitsa jaoks malmpanni või küpsetuspanni, asetage see keskmisele või kõrgele kuumusele, kuni see muutub suitsevalt kuumaks, umbes 15 minutit.
b) Tõsta pann (pööratud tagurpidi) või praepann broilerile.

c) Pange viigimarjad väikesesse pannile keskmisel kuumusel, valage veini ja laske keema tõusta. Lülitage kuumus välja ja laske viigimarjadel vähemalt 30 minutit leotada. Nõruta, seejärel lõika ½ tolli tükkideks. Rösti pähklitükke kuival pannil keskmisel-kõrgel kuumusel 3-4 minutit. Tõsta taldrikule, lase jahtuda ja tükelda seejärel jämedalt.
d) Taigna vormimiseks puista tööpind jahuga ja tõsta sellele taignapall. Puista peale jahu ja sõtku paar korda, kuni tainas kokku tuleb. Vajadusel lisa veel jahu. Vormi see 8-tolliseks ringiks, vajutades keskelt servade poole, jättes 1-tollise äärise ülejäänud osast paksemaks.
e) Avage ahjuuks ja libistage kiiresti välja rest koos küpsetuspinnaga. Korja üles tainas ja tõsta see kiiresti küpsetuspinnale, jälgides, et see pinda ei puudutaks.
f) Nirista tainale 1 spl õli, puista peale kreeka pähkli tükid, seejärel radicchio, seejärel hakitud viigimarjad ja seejärel juust. Lükake rest tagasi ahju ja sulgege uks. Prae pitsat 3-4 minutit, kuni koorik on servadest üles paisunud, pitsa on kohati mustaks muutunud ja juust sulanud.

g) Eemaldage pitsa puidust või metallist koorega või papiruuduga, viige see lõikelauale ja laske paar minutit puhata. Nirista peale ülejäänud 1 spl õli, lõika pitsa neljandikku, tõsta taldrikule ja söö.

## 39. Külmutatud maapähklivõi pitsapirukas

## Koostis

- 2 õhukest tainast 12-tollist taignakest
- 2 supilusikatäit võid, pehmendatud
- 18 untsi. paki toorjuust, pehmendatud
- 1 tass kreemjat maapähklivõid, pehmendatud
- 1 1/2 tassi tuhksuhkrut
- 1 tass piima
- 1 12-oz. pakett Cool Whip
- šokolaadisiirup

## Juhised

a) Kuumuta ahi temperatuurini 400 °F.
b) Pintselda pitsakoorikute pealsed ja servad võiga, aseta ahju keskmisele restile ja küpseta 8 minutit. Eemaldage ja jahutage restidel.
c) Vahusta suures elektrimikseri kausis toorjuust ja maapähklivõi, seejärel lisa kolmes osas vaheldumisi piimaga tuhksuhkur.

d) Voldi sisse sulatatud Cool Whip, seejärel määri segu jahtunud pitsakoorikutele.
e) Külmuta kuni tahkeks. Serveeri pitsasid külmalt, kuid mitte külmutatult. Vahetult enne serveerimist nirista üle šokolaadisiirupiga.

## 40. Grilli super pizza

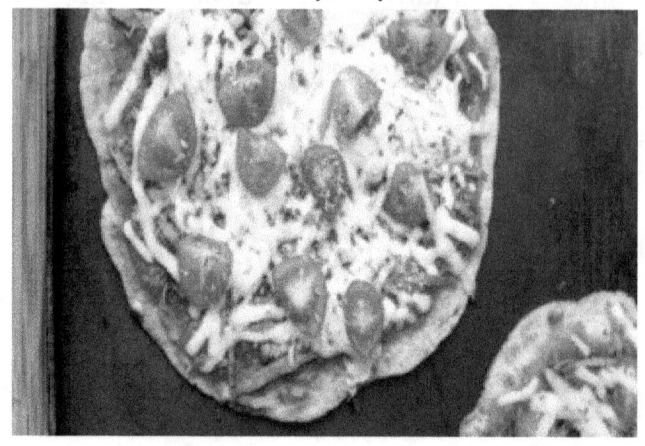

**Koostis**

- ¼ tassi marinara kastet
- ¼ tassi hakitud värsket spinatit
- ¼ tassi hakitud mozzarellat
- ¼ tassi neljaks lõigatud kirsstomateid
- 1/8 tl oreganot

**Juhised**

a) Vahusta jahu, vesi, õli ja sool ühtlaseks massiks.
b) Valage tainas kuumale küpsetusspreiga kaetud ahjuplaadile.
c) Kuumuta mõlemat poolt 4-5 minutit (kuni koorik hakkab pruunistuma).
d) Pöörake koorik veel kord ümber ja lisage marinara kaste, spinat, juust, tomat ja pune.
e) Kuumuta 3 minutit või kuni juust sulab.

## 41. Grillitud pitsa

**Koostis**

- 1 tl kuivatatud pärmi
- 1 spl sojaõli
- 1 tl suhkrut
- $\frac{1}{2}$ tassi sooja vett (110 °F)
- 1 $\frac{1}{2}$ tassi leivajahu
- 1 spl sojajahu
- 1 tl soola

**Juhised**

a) Sega kausis pärm, suhkur ja $\frac{1}{2}$ tassi väga sooja vett, lase viis minutit seista. Sega kausis jahu ja sool. Sega pärmisegu kuivainet sisaldava kausiga. Kui tainas on kleepuv, lisage veidi rohkem jahu. Sõtku tubli 10 minutit.

b) Pane rasvainega määritud kaussi ja lase 60 minutit kerkida, kuni see kahekordistub. Tõsta jahusel pinnale ja sõtku seejärel kergelt ühtlaseks. Rulli lahti $\frac{1}{4}$" paksuseks 12" läbimõõduga ringiks. Mida õhemaks tainas rullida, seda parem.

c) Enne kooriku grillile asetamist veenduge, et teie grill on puhas ja korralikult õlitatud. See aitab vältida taigna kleepumist grilli külge. Taigna grillile transportimiseks on vaja midagi piisavalt suurt. Selle ülesande jaoks on väga soovitatav kasutada pitsalabidat. Pintselda ühtlane kiht extra virgin oliiviõliga seda külge, mis jääb esimesena allapoole. Õli lisab maitset ja aitab vältida taigna kleepumist grillile ning annab koorikule mõnusa krõbeda viimistluse.

d) Enne pitsa grillile asetamist võiksite eemaldada grilli ülemise resti, et pitsa ümberpööramine oleks lihtsam.

e) Küpseta esimest poolt 1-3 minutit enne ümberpööramist olenevalt grilli kuumusest. Selle aja jooksul tuleb oliiviõliga pintseldada seda külge, mis on ülespoole. Esimese poole küpsetamise ajal viige kooriku serva alla piik, et jälgida selle valmimist.

f) Küpseta, kuni jääd lõpptulemusega rahule, ja keera siis koorik ümber. Pärast ümberpööramist kandke kohe peale soovitud kattekiht. Soovitatav on hoida

kattekiht väga kerge, kuna need ei küpse grillil ilma kooriku põletamiseta. Võite kaaluda teatud, näiteks liha ja paksude köögiviljade eelküpsetamist. Kindlasti langetage kaas niipea kui võimalik, et kuumus sisse kinni hoida ja lisandite keetmine lõpetada.
g) Küpseta pitsat veel 2-3 minutit või kuni olete koorikuga rahul.

## 42. Grillitud valge pitsa Soppressataga

**Koostis**

- Tainas
- 1 tass oliivõli
- 6 küünt purustatud küüslauguküünt
- 2 hakitud küüslauguküünt
- 1 tass täispiima ricottat
- 1 tl hakitud värsket tüümiani
- 2 teelusikatäit pluss 1 spl hakitud värsket pune, hoidke eraldi 1/2 tassi oliivõli
- 4 tassi hakitud mozzarellat
- 1 tass hakitud parmesani
- 6 untsi Soppressata või muu kuivatatud salaami, õhukesteks viiludeks
- 4 untsi kirsipaprikat (purgis), nõrutatud ja tükkideks rebitud
- Koššersool ja värskelt jahvatatud must pipar Maisijahu (jämedalt jahvatatud), vastavalt vajadusele

## Juhised

a) Kuumuta ahi 150 ° F-ni või madalaimale seadistusele. Kui ahi saavutab temperatuuri, lülitage ahi välja. Vala vesi köögikombaini või statiivimikseri töönõusse (mõlemal peaks olema taignakinnitus). Piserdage õli, suhkur ja pärm vee peale ning pulseerige mitu korda, kuni segu on segunenud. Lisa jahu ja sool ning töötle, kuni segu on ühtlane. Tainas peaks olema pehme ja kergelt kleepuv. Kui see on väga kleepuv, lisage 1 spl kaupa jahu ja pulseerige korraks. Kui see on endiselt liiga jäik, lisa 1 sl vett ja pulseeri korraks. Töötle veel 30 sekundit.
b) Tõsta tainas kergelt jahuga ülepuistatud tööpinnale. Sõtku seda käsitsi, et moodustada ühtlane ümar pall. Pange tainas suurde puhtasse kaussi, mis on kaetud oliiviõliga, ja katke tihedalt kilega. Enne jätkamist lase 15 minutit ahjus kerkida.
c) Lisage väikesesse potti 1 tass oliiviõli ja 6 purustatud küüslaugu küünt. Kuumuta keemiseni, seejärel eemalda tulelt, et küüslauk saaks õlist immitseda ja jahtuda. Sega väikeses kausis ricotta, 2

hakitud küüslauguküünt, hakitud tüümian ja 2 tl hakitud pune. Eemaldage tainas ahjust, suruge see alla ja kummuta see kergelt jahuga kaetud tööpinnale. Jagage tainas neljaks 4-tolliseks palliks. Asetage pitsakivi grillile ja soojendage gaasigrill kõrgele.

d) Puista tööpinda kergelt ¼ tassi maisijahuga. Rulli või venita 1 tainas õrnalt 12-tolliseks ristkülikuks või ringiks, paksusega ¼ tolli. Pintselda umbes 2 supilusikatäie oliiviõliga. Piserda pitsakoorele maisijahu ja seejärel libista tainas sellele ringi. Aseta täidised taignaringile selles järjekorras. pintseldage küüslauguõliga, seejärel raputage ürtidega ricotta, seejärel mozzarella, parmesan, Soppressata ja kirsipaprika.

e) Pitsakoorega libista pitsa kuumale pitsakivile. Sulgege kaas nii kiiresti kui võimalik. Grillige umbes 5–7 minutit või kuni koore põhi on hästi pruunistunud, katted on soojad ja juust on mulliline, umbes 5–10 minutit.

## 43. Grillitud köögiviljapitsa

## Koostis

- 1 tass leiget vett (umbes 100 kraadi F)
- ¼ tassi oliivõli 1 ½ tl mett
- 1 ümbrik kiiresti kerkiv pärm
- 3 tassi universaalset jahu, lisaks vajadusel lisa
- 1 ½ teelusikatäit koššersoola.

## Juhised

a) Kuumuta ahi 150 kraadini või madalaimale astmele. Kui ahi saavutab temperatuuri, lülitage ahi välja. Vala vesi köögikombaini või statiivimikseri töönõusse (mõlemal peaks olema taignakinnitus). Piserdage õli, suhkur ja pärm vee peale ning pulseerige mitu korda, kuni segu on segunenud. Lisa jahu ja sool ning töötle, kuni segu on ühtlane. Tainas peaks olema pehme ja kergelt kleepuv. Kui see on väga kleepuv, lisa 1 supilusikatäie kaupa jahu ja pulseeri korraks. Kui see on endiselt liiga jäik, lisage 1 sl vett ja pulseerige korraks. Töötle veel 30 sekundit.

b) Tõsta tainas kergelt jahuga ülepuistatud tööpinnale, sõtku seda käsitsi ühtlaseks ümaraks palliks. Pange tainas suurde puhtasse kaussi, mis on kaetud oliiviõliga, ja katke tihedalt kilega. Enne jätkamist lase 15 minutit ahjus kerkida. Eemaldage tainas ahjust, suruge see alla ja keerake see kergelt jahuga kaetud tööpinnale.
c) Jagage tainas neljaks 4-tolliseks palliks ja järgige pitsa valmistamise juhiseid.

## 44. Mozzarella, rukola ja sidrunipizza

**Koostis**

- 1 pizza tainas
- 2 tassi tomatipüreed
- 1 küüslauguküüs, purustatud
- 1 tl kuivatatud pune
- 1 tl tomatipastat
- $\frac{1}{2}$ tl soola
- Jahvatatud must pipar
- $\frac{1}{4}$ tl punase pipra helbeid
- 2 tassi riivitud mozzarella juustu
- $\frac{1}{2}$ tassi riivitud Parmigiana
- Valikuline, kuid tõesti kena
- $\frac{1}{2}$ hunnik (umbes 2 tassi) rukolat, puhastatud ja kuivatatud
- $\frac{1}{2}$ sidruni
- Tilk oliiviõli

**Juhised**

a) Vala tomatipüree keskmise suurusega kastrulisse ja kuumuta keskmisel kuumusel. Lisa küüslauk, pune ja tomatipasta. Sega, et pasta oleks püreesse imbunud.
b) Kuumutage keemiseni (see aitab kastmel veidi vähendada), seejärel alandage kuumust ja segage, et kaste ei kleepuks. Kaste saab valmis 15 minutiga või võib podiseda kauem, kuni pool tundi. See väheneb umbes ühe neljandiku võrra, mis annab teile vähemalt ¾ tassi püreed pizza kohta.
c) Maitsesta soola ja maitsesta vastavalt ning lisa musta pipart ja/või punase pipra helbed. Eemalda küüslauguküüs.
d) Valage kaste taignaringi keskele ja ajage kummilabidaga laiali, kuni pind on täielikult kaetud.
e) Asetage mozzarella (1 tass 12-tollise pitsa kohta) kastme peale. Pidage meeles, et juust läheb ahjus sulades laiali, nii et ärge muretsege, kui tundub, et teie pitsa pole juustuga piisavalt kaetud.
f) Asetage eelsoojendatud 500 °F ahju ja küpsetage vastavalt pitsataigna juhistele.

g) Kui pitsa on valmis, kaunista see Parmigiana ja rukolaga (kui kasutad). Pigista sidruniga kõik roheliste peale ja/või nirista soovi korral üle oliiviõliga.

## 45. Mehhiko pizza

**Koostis**

- 1/2 naela veisehakkliha
- 1/2 teelusikatäit soola
- 1/4 tl kuivatatud hakitud sibulat
- 1/4 tl paprikat
- 1-1/2 tl tšillipulbrit
- 2 spl vett
- 8 väikest (6-tollise läbimõõduga) jahutortiljat
- 1 tass Crisco õli- või toiduõli
- 1 (16 untsi) purki praetud ube
- 1/3 tassi tükeldatud tomatit
- 2/3 tassi mahedat Picante salsat
- 1 tass hakitud Cheddari juustu
- 1 tass hakitud Monterey Jacki juustu
- 1/4 tassi hakitud rohelist sibulat
- 1/4 tassi viilutatud musti oliive

**Juhised**

a) Küpseta veisehakkliha keskmisel kuumusel pruuniks, seejärel nõruta pannilt liigne rasv. Lisa sool, sibul, paprika, tšillipulber ja vesi ning lase segul keskmisel kuumusel podiseda umbes 10 minutit. Sega sageli.
b) Kuumuta pannil keskmisel-kõrgel kuumusel õli või Crisco rösti. Kui õli hakkab suitsema, on see liiga kuum. Kui õli on kuum, prae igat tortillat umbes 30-45 sekundit mõlemalt poolt ja tõsta paberrätikutele kõrvale.
c) Iga tortilla praadimisel eemaldage kindlasti tekkivad mullid, et tortilla oleks õlis tasane. Tortillad peaksid saama kuldpruuniks. Kuumuta röstitud oad väikesel pannil pliidi kohal või mikrolaineahjus.
d) Kuumuta ahi 400 F-ni. Kui liha ja tortillad on valmis, virna iga pitsa, laotades esmalt umbes 1/3 tassi praetud ube ühe tortilla näole. Järgmisena määri peale 1/4 kuni 1/3 tassi liha, seejärel veel üks tortilla.
e) Katke oma pitsad kahe supilusikatäie salsaga, seejärel tükeldage tomatid ja

laduge need peale. Järgmisena jagage juust, sibul ja oliivid, virnastage selles järjekorras.

f) Aseta pitsad oma kuuma ahju 8-12 minutiks või kuni juust on sulanud. Teeb 4 pitsat.

## 46. Mini pizza bagelid

**Koostis**

- Mini bagelid
- Pitsakaste
- Tükeldatud mozzarella juust

**Juhised**

a) Kuumuta ahi 400-ni
b) Poolita bagelid, määri mõlemale poolele ühtlaselt kaste, puista peale juust.
c) Küpseta 3-6 minutit või kuni juust on teie maitse järgi sulanud.

## 47. Muffuletta pizza

## Koostis

- 1/2 tassi peeneks hakitud sellerit
- 1/3 tassi tükeldatud pimento-täidisega rohelisi oliive
- 1/4 tassi hakitud pepperoncini
- 1/4 tassi hakitud kokteilisibulat
- 1 küüslauguküüs, hakitud
- 3 supilusikatäit ekstra neitsioliiviõli
- 2 tl kuiva Itaalia salatikastme segu
- 3 untsi õhukesteks viiludeks lõigatud deli sink/salaami, kuubikuteks lõigatud
- 8 untsi hakitud provolone juust
- 2 12-tollist kuumtöötlemata tainakoorikut
- ekstra neitsioliiviõli

## Juhised

a) Segage esimesed 7 marineeritud oliivisalati jaoks ja jahutage üleöö. Kombineeri oliivisalat, sink ja juust. Kata üks taignakoor 1/2 seguga. Nirista üle õliga. Küpsetage eelkuumutatud 500 ° F ahjus
b) 8-10 minutit või kuni koorik on kuldpruun ja juust sulanud. Võta ahjust välja ja jahuta restil 2-3 minutit enne viiludeks lõikamist ja serveerimist.
c) Korrake sama muu tainakoorikuga.

## 48. Pannipitsa

**Koostis**

- Tainas
- 2 spl oliiviõli
- 1 küüslauguküüs, kooritud ja hakitud
- 2 spl tomatipastat
- Näputäis tšillihelbeid, maitse järgi
- 128 untsi purki tükeldatud või purustatud tomateid
- 2 spl mett või maitse järgi
- 1 tl koššersoola või maitse järgi

**Juhised**

a) Kombineeri jahu ja sool oma suurimas segamiskausis. Teises segamisnõus segage vesi, või, oliiviõli ja pärm. Sega hästi.
b) Tee kummilabidaga jahusegu keskele süvend ja lisa sellele teisest kausist vedelik, sega spaatliga ja kraapides kausi külgi alla, et kõik kokku läheks.

c) Sega kõik kokku, kuni saadakse suur, tormiline märja taignapall, kata kilega ja lase 30 minutit seista.
d) Avage tainas ja sõtke seda jahuga kaetud kätega, kuni see on ühtlaselt sile ja kleepuv, umbes 3-5 minutit. Viige tainapall puhtasse segamisnõusse, katke kilega ja laske 3-5 tundi toatemperatuuril kerkida, seejärel jahutage vähemalt 6 tundi kuni 24 tundi.
e) Hommikul, kui soovite pitsasid valmistada, võtke tainas külmkapist välja, jagage 3 võrdse suurusega tükiks (igaüks umbes 600 grammi) ja vormige need piklikeks pallideks. Kasutage oliiviõli, et määrida kolm 10-tollist malmpanni, 8-tollist x 10-tollist kõrgete külgedega ahjupanni, 7-tollist x 11-tollist klaasist küpsetusnõusid või nende kombinatsiooni ja asetage pallid. neisse.
f) Kata kilega ja lase toatemperatuuril 3-5 tundi kerkida. segu on läikiv ja hakkab just karamellistuma.

g) Valmista kaste. Asetage kastrul keskmisele-madalale tulele ja lisage sellele 2 spl oliiviõli. Kui õli sädeleb, lisa hakitud küüslauk ja kuumuta segades,

kuni see on kuldne ja aromaatne, umbes 2-3 minutit.
h) Lisa tomatipasta ja näputäis tšillihelbeid ning tõsta kuumus keskmisele tasemele. Küpseta, sageli segades
i) Lisa tomatid, lase keema tõusta, siis alanda kuumust ja lase aeg-ajalt segades 30 minutit podiseda.
j) Tõstke kaste tulelt ja segage maitse järgi mett ja soola, seejärel blenderdage sukelmikseris või laske jahtuda ja kasutage tavalist blenderit. (Kastme võib teha enne tähtaega ja hoida külmkapis või sügavkülmas. Sellest piisab 6-ks pirukaks.)
k) Umbes 3 tunni pärast on tainas peaaegu kahekordistunud. Sirutage tainas väga õrnalt vormide külgedele, tõmmake see sõrmedega pehmeks. Seejärel võib taigna ümbrisega kaetult veel 2-8 tundi puhata.
l) Tee pitsad. Kuumuta ahi 450-ni. Tõmmake tainas õrnalt vormide äärte juurde, kui see pole veel äärteni kerkinud. Kasutage tainale lusika või kulbiga 4-5 supilusikatäit kastet, kattes see õrnalt täielikult. Piserdage madala niiskusega mozzarellat pirukatele, seejärel lisage neile maitse järgi värsket

mozzarellat ja pepperoni. Puista peale pune ja ripsuta veidi oliiviõli.

m) Asetage pitsad ahju keskmisele restile suurele küpsetusplaadile või -lehtedele, et lekkeid kinni hoida, seejärel küpseta umbes 15 minutit. Kasutage pitsa tõstmiseks ja põhjade kontrollimiseks nihkespaatlit.

n) Pitsa valmib siis, kui koorik on kuldne ja juust sulanud ning hakkab pealt pruunistuma, umbes 20-25 minutit.

## 49. Pepperoni Pizza Chili

## Koostis

- 2 naela veisehakkliha
- 1 nael kuuma Itaalia vorsti lingid
- 1 suur sibul, hakitud
- 1 suur roheline paprika, tükeldatud
- 4 küüslauguküünt, hakitud
- 1 purk (16 untsi) salsat
- 1 purk (16 untsi) tuliseid tšillikaune, nõrutamata
- 1 purk (16 untsi) ube, loputatud ja nõrutatud
- 1 purk (12 untsi) pitsakaste
- 1 pakk (8 untsi) viilutatud pepperoni, poolitatud
- 1 tass vett
- 2 tl tšillipulbrit
- 1/2 teelusikatäit soola
- 1/2 tl pipart

- 3 tassi (12 untsi) tükeldatud osa kooritud mozzarella juustu

## Juhised

a) Küpseta Hollandi ahjus veiseliha, vorsti, sibulat, rohelist pipart ja küüslauku keskmisel kuumusel, kuni liha pole enam roosa; kurna.

b) Sega hulka salsa, oad, pitsakaste, pepperoni, vesi, tšillipulber, sool ja pipar. Kuumuta keemiseni. Vähendage kuumust; katke.

## 50.   Pesto pitsa

## Koostis

- 1 1/2 tassi (pakitud) varrega spinati lehti
- 1/2 tassi (pakitud) värskeid basiiliku lehti (umbes 1 hunnik)
- 1 1/2 spl õli õlist pakitud päikesekuivatatud tomatitest või oliiviõlist
- 1 suur küüslauguküüs
- Oliiviõli
- 1 12-tolline NY Style taignakest
- 1/3 tassi viilutatud nõrutatud õlist pakitud päikesekuivatatud tomateid 2 tassi riivitud mozzarella juustu (umbes 8 untsi)
- 1 tass riivitud parmesani juustu

## Juhised

a) Blenderda esimesed 4 protsessoris jämedaks püreeks. Tõsta pesto väikesesse kaussi. (Võib valmistada 1 päev ette. Vajutage plast otse pesto pinnale, et külmkapis katta.) Kuumuta ahi 500 F-ni. Määri 12-tolline pitsapann oliiviõliga.

b) Asetage tainas pannile ja määrige kogu pesto tainale. Puista peale päikesekuivatatud tomatid, seejärel juustud. Küpseta pitsat, kuni koorik on pruunistunud ja juust sulab.

## 51. Philly Cheesesteak Pizza

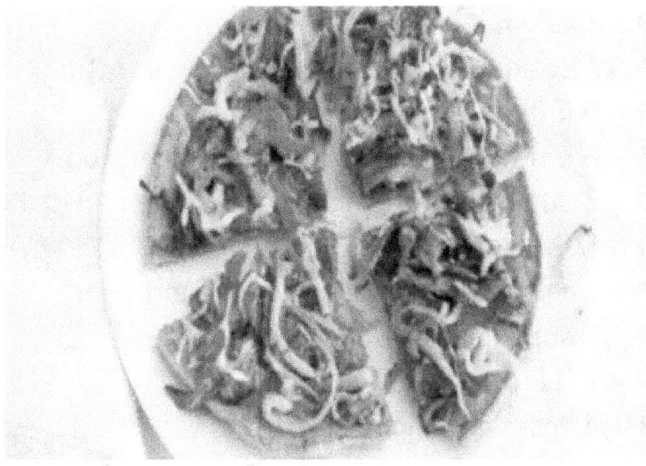

## Koostis

- 1 keskmine sibul, viilutatud
- 1 keskmine roheline paprika, viilutatud
- 8 untsi Seened, viilutatud
- 8 untsi Röstitud veiseliha, raseeritud
- 3 supilusikatäit Worcestershire'i kastet
- 1/4 teed. Must pipar
- 1 partii Sitsiilia paksu koorega tainas
- 3 supilusikatäit oliiviõli
- 1 tl Purustatud küüslauk
- 4 tassi provolone juustu
- 1/4 tassi Parmesani juustu, riivitud

## Juhised

a) Prae köögiviljad 1 supilusikatäis. oliiviõli pehmeks, lisa rostbiif. Küpseta veel kolm minutit.
b) Lisa Worcestershire'i kaste ja pipar ning sega ning eemalda tulelt. Kõrvale panema.
c) Pintselda ettevalmistatud tainast oliiviõliga ja määri purustatud küüslauk kogu taigna pinnale. Tõsta peale kerge kiht riivitud juustu, seejärel liha/juurviljasegu, jaotades ühtlaselt.
d) Tõsta peale ülejäänud riivitud juust, seejärel parmesan. Küpsetage

eelkuumutatud 500 F ahjus, kuni juust on sulanud ja kihisev.
e) Enne lõikamist ja serveerimist laske 5 minutit seista.

## 52. Pita pitsa roheliste oliividega

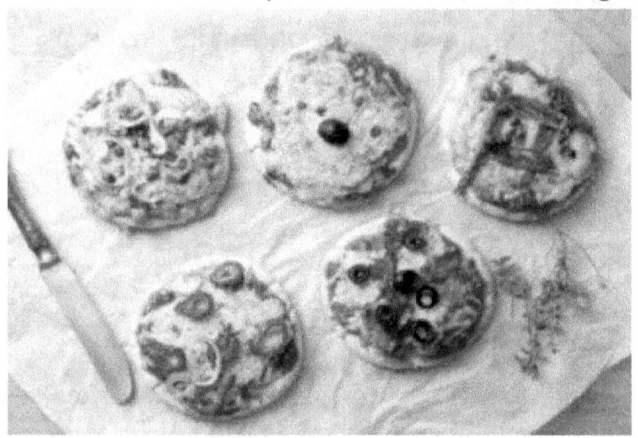

## Koostis

### Tükeldatud salat

- 1 küüslauguküüs, kooritud ja poolitatud
- 2 spl palsamiäädikat
- 1 väike punane sibul, poolitatud, õhukesteks viiludeks
- $\frac{1}{4}$ tassi ekstra neitsioliiviõli
- Jämedat meresoola ja värsket musta pipart 3 rooma südant, jämedalt hakitud 4 keskmist Kirby kurki, tükeldatud
- hammustussuurused tükid
- 2 keskmist tomatit, südamikust puhastatud, seemnetest puhastatud ja kuubikuteks lõigatud
- 1 küps avokaado, tükeldatud
- 5 värsket basiilikulehte tükkideks rebituna
- 8-10 värsket piparmündilehte tükkideks rebituna

### Pita pitsa

- 4 (7 tolli) tasku vähem pita leiba
- 8 untsi. Monterey Jacki juust, riivitud
- $\frac{1}{2}$ tassi kivideta ja tükeldatud rohelisi oliive
- 2 jalapeño paprikat, hakitud Purustatud punase pipra helbed Värskelt jahvatatud

musta pipart riivitud parmesani juustu kaunistuseks

## Juhised

a) Kuumuta ahi 450 ° F-ni.
b) Salati valmistamiseks hõõru suure kausi sisemus tugevalt küüslauguga üle. Lisa äädikas ja punane sibul ning jäta 5 minutiks kõrvale. Klopi juurde õli ning maitsesta soola ja pipraga. Lisage salat, kurk, tomat, avokaado, basiilik ja piparmünt ning segage hästi.
c) Küpseta pitasid, vajadusel partiidena, kuumutatud pitsakivil või -pannil 3 minutit. Segage väikeses kausis juust, oliivid ja jalapeño. Jagage see segu nelja pita vahel.
d) Pange pitad kaks korda ahju tagasi ja küpsetage, kuni juust on mullitav ja kergelt pruunistunud, umbes 5 minutit. Vala salat pitsade peale, puista üle parmesani juustuga ja serveeri.
e) Määri pitaleib kastmega. Soovi korral lisa küüslaugupulbrit ja pune. Seejärel LISA oma valitud lisandid! Tükeldatud tomatid, sibul, paprika, suvikõrvits või

kollane kõrvits on kõik maitsvad ja toitvad!
f) KÜPSETA 400° juures 10 minutit.

## 53. Pitsa Burgerid

## Koostis

- 1 nael veisehakkliha
- 1/4 c hakitud oliive
- 1 c cheddari juustu
- 1/2 t küüslaugupulbrit
- 18 untsi. purki tomatikastet
- 1 sibul, tükeldatud

## Juhised

a) Pruunista liha küüslaugu ja sibulaga.
b) Tõsta tulelt ja sega hulka tomatikaste ja oliivid.
c) Aseta juustuga hot dogi kuklitesse.
d) Mähi fooliumisse ja küpseta 15 minutit 350 kraadi juures.

## 54.     Lunchbox Pizza

## Koostis

- 1 pita leib ümmargune
- 1 tl oliiviõli
- 3 supilusikatäit pitsakastet
- 1/2 C. riivitud mozzarella juust
- 1/4 C. viilutatud crimini seened
- 1/8 tl küüslaugu soola

## Juhised

a) Seadke grill keskmiselt kõrgele kuumusele ja määrige grillrest.
b) Määri õli ja pitsakaste ühtlaselt pitaleiva ühele küljele.
c) Asetage seened ja juust kastmele ning puistake kõike küüslaugusoolaga.
d) Aseta pita leib grillile, seente pool üleval.
e) Kata ja küpseta grillil umbes 5 minutit.

## 55. Jahutatud puuviljane maiuspala

**Koostis**

- 1 (18 untsi) pakend jahutatud suhkruküpsise tainast
- 1 (7 untsi) purk vahukommikreemi
- 1 (8 untsi) pakend toorjuustu, pehmendatud

**Juhised**

a) Enne millegi muu tegemist seadke ahi 350 kraadi F-le.
b) Asetage tainas umbes 1/4 tolli paksusele keskmisele küpsetusplaadile.
c) Küpseta kõike ahjus umbes 10 minutit.
d) Võta kõik ahjust välja ja jäta kõrvale jahtuma.
e) Sega kausis kokku toorjuust ja vahukommi kreem.
f) Määri toorjuustusegu koorikule ja pane enne serveerimist külmkappi jahtuma.

## 56. Suitsune pitsa

**Koostis**

- 3 1/2 C. universaalne jahu
- Pitsakooriku pärm
- 1 spl suhkrut
- 1 1/2 teelusikatäit soola
- 1 1/3 C väga soe vesi (120 kraadi kuni 130 kraadi F)
- 1/3 C. õli
- Lisajahu rullimiseks
- Lisaõli grillimiseks
- Pitsakaste
- Muud lisandid vastavalt soovile
- Riivitud mozzarella juust

**Juhised**

a) Seadke grill keskmiselt kõrgele kuumusele ja määrige grillrest.
b) Sega suures kausis kokku 2 C jahu, pärm, suhkur ja sool.
c) Lisa õli ja vesi ning sega ühtlaseks.
d) Lisage aeglaselt ülejäänud jahu ja segage, kuni moodustub kergelt kleepuv tainas.
e) Aseta tainas jahusel pinnale ja sõtku, kuni tainas muutub elastseks.
f) Jagage tainas 8 ossa ja rullige iga osa jahusel pinnal umbes 8-tolliseks ringiks.

g) Määrige iga kooriku mõlemad pooled lisaõliga.
h) Küpseta kõiki koorikuid grillil umbes 3-4 minutit.
i) Tõsta koorik siledale pinnale, grillitud pool üleval.
j) Määri igale koorikule ühtlaselt õhuke kiht pitsakastet.
k) Aseta kastmele meelepärased lisandid ja juust ning küpseta kõike grillil, kuni juust sulab.

## 57.　　Sweet-Tooth Pizza

## Koostis

- 1 (18 untsi) pakend jahutatud suhkruküpsise tainast
- 1 (8 untsi) konteiner külmutatud vahustatud kate, sulatatud
- 1/2 C. viilutatud banaan
- 1/2 C. viilutatud värsked maasikad
- 1/2 C. purustatud ananass, nõrutatud
- 1/2 C. seemneteta viinamarjad, poolitatud

## Juhised

a) Enne millegi muu tegemist seadke ahi 350 kraadi F-le.
b) Asetage tainas 12-tollisele pitsapannile.
c) Küpseta kõike ahjus umbes 15-20 minutit.
d) Võta kõik ahjust välja ja jäta kõrvale jahtuma.
e) Määrige vahustatud kate koorikule ja lisage soovitud kujundusega puuviljad.
f) Enne serveerimist jahutage.

## 58. Unikaalne pizza

**Koostis**

- 1 (10 untsi) purki jahutatud pitsapõhja tainas
- 1 C. hummus levi
- 1 1/2 C. viilutatud paprika, mis tahes värvi
- 1 C. brokkoli õisikud
- 2 C. riivitud Monterey Jacki juust

**Juhised**

a) Enne millegi muu tegemist seadke ahi 475 kraadi F-ni.
b) Tõsta tainas pitsapannile.
c) Asetage õhuke kiht hummust ühtlaselt koorikule ja pange kõigele peale brokkoli ja paprika.
d) Puista pitsa juustuga ja küpseta kõike ahjus umbes 10-15 minutit.

## 59.  Artisan Pizza

**Koostis**

- 1 (12 tolli) eelküpsetatud pitsakoor
- 1/2 C. pesto
- 1 küps tomat, tükeldatud
- 1/2 C. roheline paprika, tükeldatud
- 1 (2 untsi) purk tükeldatud musti oliive, nõrutatud
- 1/2 väikest punast sibulat, hakitud
- 1 (4 untsi) purgi artišokisüdamed, nõrutatud ja viilutatud
- 1 C. murendatud fetajuust

**Juhised**

a) Enne millegi muu tegemist seadke ahi 450 kraadi F-le.
b) Tõsta tainas pitsapannile.
c) Aseta õhuke kiht pestot ühtlaselt koorikule ning tõsta peale köögiviljad ja fetajuust.
d) Puista pitsa juustuga ja küpseta kõike ahjus umbes 8-10 minutit.

## 60. Pepperoni pitsadip

**Koostis**

- 1 (8 untsi) pakend toorjuustu, pehmendatud
- 1 (14 untsi) purk pitsakastet
- 1/4 naela pepperoni vorsti, tükeldatud
- 1 sibul, hakitud
- 1 (6 untsi) purk mustad oliivid, tükeldatud
- 2 C. riivitud mozzarella juust

**Juhised**

a) Enne millegi muu tegemist seadke ahi 400 kraadi F ja määrige 9-tolline pirukavorm.
b) Valmistatud pirukavormi põhja pane toorjuust ja kalla peale pitsakaste.
c) Kõige peale raputa oliivid, pepperoni ja sibul ning puista peale mozzarella juustu.
d) Küpseta kõike ahjus umbes 20-25 minutit.

## 61. Tuunikala pitsa

**Koostis**

- 1 (8 untsi) pakend toorjuustu, pehmendatud
- 1 (14 oz.) pakk eelküpsetatud pitsapõhja
- 1 (5 untsi) tuunikalakonserv, nõrutatud ja helvestatud
- 1/2 C. õhukeselt viilutatud punane sibul
- 1 1/2 C. riivitud mozzarella juust
- purustatud punase pipra helbed või maitse järgi

**Juhised**

a) Enne millegi muu tegemist seadke ahi 400 kraadi F-ni.
b) Määri eelküpsetatud koorikule toorjuust.
c) Katke koorik tuunikala ja sibulaga ning puista üle mozzarella juustu ja punase pipra helvestega.
d) Küpseta kõike ahjus umbes 15-20 minutit.

## 62. Pitsamaitseline kana

## Koostis

- 1/2 C. Itaalia maitsestatud leivapuru
- 1/4 C. riivitud Parmesani juust
- 1 tl soola
- 1 tl jahvatatud musta pipart
- 1/2 C. universaalne jahu
- 1 muna
- 1 spl sidrunimahla
- 2 nahata kondita kana rinnapoolikut
- 1/2 C. pitsakaste, jagatud
- 1/2 C. riivitud mozzarella juust, jagatud
- 4 viilu pepperoni või maitse järgi - jagatud

## Juhised

a) Enne millegi muu tegemist seadke ahi 400 kraadi F-ni.
b) Lisa madalasse anumasse sidrunimahl ja muna ning klopi korralikult läbi.
c) Asetage jahu teise madalasse kaussi.
d) Kolmandas kausis sega kokku parmesan, riivsai, sool ja must pipar.
e) Määri iga kanarind munaseguga ja rulli jahusegusse.
f) Kasta kana jällegi munasegusse ja veereta riivsaia segusse.

g) Laota kanarinnad ahjuvormi ja küpseta kõike ahjus umbes 20 minutit.
h) Aseta igale kana rinnale umbes 2 supilusikatäit pitsakastet ja laota peale ühtlaselt juustu ja pepperoni viilud.
i) Küpseta kõike ahjus umbes 10 minutit.

## 63. Hommikusöögi pitsa

## Koostis

- 2/3 C. soe vesi
- 1 (.25 oz.) pakend kiirpärmi
- 1/2 teelusikatäit soola
- 1 tl valget suhkrut
- 1/4 tl kuivatatud pune
- 1 3/4 C. universaalne jahu
- 6 viilu peekonit, tükeldatud
- 1/2 C. roheline sibul, õhukeselt viilutatud
- 6 muna, lahtiklopitud
- soola ja pipart maitse järgi
- 1/2 C. pitsakaste
- 1/4 C. riivitud Parmesani juust
- 2 untsi õhukeselt viilutatud salaami

## Juhised

a) Seadke oma ahi temperatuurini 400 kraadi F, enne kui midagi muud teete, ja määrige pitsaplaat kergelt rasvaga.
b) Lisage kaussi vesi, suhkur, pärm, pune ja sool ning segage, kuni see on täielikult lahustunud.
c) Lisa umbes 1 C jahu ja sega korralikult läbi.
d) Lisa ülejäänud jahu ja sega korralikult läbi.

e) Kata kauss kilega ja jäta umbes 10-15 minutiks kõrvale.
f) Kuumuta suur pann keskmisel kuumusel ja küpseta peekon täielikult pruuniks.
g) Lisa roheline sibul ja prae segades umbes 1 minut.
h) Lisa munad ja kuumuta segades, kuni munapuder on valmis.
i) Sega juurde sool ja must pipar.
j) Määri pitsakaste taignale ja aseta tainas ettevalmistatud pitsaalusele.
k) Vala peale peekon, munad, parmesan ja salaami ning küpseta kõike ahjus umbes 20-25 minutit.

## 64. Garden Fresh Pizza

**Koostis**

- 2 (8 untsi) pakki jahutatud poolkuu rullid
- 2 (8 untsi) pakki toorjuustu, pehmendatud
- 1/3 C. majonees
- 1 (1,4 untsi) pakend kuiva köögiviljasupi segu
- 1 C. redis, viilutatud
- 1/3 C. hakitud roheline paprika
- 1/3 C. hakitud punane paprika
- 1/3 C. hakitud kollast paprikat
- 1 C. brokkoli õisikud
- 1 C. lillkapsa õisikud
- 1/2 C. hakitud porgand
- 1/2 C. hakitud seller

**Juhised**

a) Enne millegi muu tegemist seadke ahi 400 kraadi F-ni.
b) Laota 11x14-tollise tarretisrulli panni põhja poolkuu rullitainas.
c) Suruge sõrmedega kõik õmblused kokku, et tekiks koorik.
d) Küpseta kõike ahjus umbes 10 minutit.
e) Eemaldage kõik ahjust ja hoidke kõrvale, et see täielikult jahtuda.

f) Sega kausis kokku majoneesi, toorjuustu ja köögiviljasupisegu.
g) Asetage majoneesisegu ühtlaselt koorikule ja asetage kõik köögiviljad ühtlaselt peale ja suruge need õrnalt majoneesisegusse.
h) Kata pitsa kilega ja hoia üleöö külmkapis.

## 65. Pitsakarbid

## Koostis

- 2 (28 untsi) purki purustatud tomateid
- 2 supilusikatäit rapsiõli
- 2 supilusikatäit kuivatatud pune
- 1 tl kuivatatud basiilikut
- 1 tl valget suhkrut
- 1 (12 oz.) karbi jumbo pastakoored
- 1 (6 untsi) purk viilutatud seeni, nõrutatud
- 1/2 rohelist paprikat, tükeldatud
- 1/2 sibulat, hakitud
- 2 C. riivitud Monterey Jacki juust
- 1 (6 untsi) pakk viilutatud mini pepperoni

## Juhised

a) Lisa pannile purustatud tomatid, basiilik, pune, suhkur ja õli ning sega korralikult läbi.
b) Kata pann kaanega ja kuumuta keemiseni.
c) Alanda kuumust madalaks ja hauta umbes 30 minutit.
d) Seadke oma ahi temperatuurini 350 kraadi F.
e) Keeda pastakoori suurel pannil kergelt soolaga maitsestatud keevas vees umbes 10 minutit, aeg-ajalt segades.
f) Nõruta hästi ja jäta kõrvale.

g) Sega kausis kokku roheline paprika, sibul ja seened.
h) Aseta igasse kooresse umbes 1 tl tomatikastet ja puista peale sibula segu ja umbes 1 supilusikatäis Monterey Jacki juustu.
i) Asetage kestad 13x9-tollises ahjuvormis kõrvuti ja puudutades ning asetage igale koorele väikesed pepperoni viilud.
j) Küpseta kõike ahjus umbes 30 minutit.

## 66. Kuum Itaalia pannipizza

## Koostis

- 1 supilusikatäit oliiviõli
- 1 Hispaania sibul õhukesteks viiludeks
- 1 roheline paprika, õhukeselt viilutatud
- 1 (3,5 untsi) kuuma Itaalia vorsti viiludeks
- 1/4 C viilutatud värskeid seeni või rohkem maitse järgi
- 1 viil ettevalmistatud polenta, lõigatud 4x4-tollisteks tükkideks
- 1/4 C. spagetikastet või vastavalt vajadusele
- 1 unts. riivitud mozzarella juust

## Juhised

a) Kuumuta suurel pannil õli keskmisel kuumusel ja prae vorsti, paprikat, seeni ja sibulat umbes 10-15 minutit.
b) Tõsta segu suurde kaussi.
c) Lisa samale pannile polenta ja küpseta umbes 5 minutit mõlemalt poolt.
d) Tõsta polentale vorstisegu, seejärel spagetikaste ja mozzarella juust.
e) Küpseta umbes 5-10 minutit.

## 67. New Orleansi stiilis pizza

**Koostis**

- 8 jumbo musta oliivi, kivideta
- 8 kivideta rohelist oliivi
- 2 supilusikatäit hakitud sellerit
- 2 supilusikatäit hakitud punast sibulat
- 2 hakitud küüslauguküünt
- 6 lehte hakitud värsket basiilikut
- 1 supilusikatäit hakitud värsket peterselli
- 2 supilusikatäit oliiviõli
- 1/2 tl kuivatatud pune
- soola ja värskelt jahvatatud musta pipart maitse järgi
- 1 (16 untsi) pakend valmis pitsapõhja
- 1 supilusikatäit oliiviõli
- 1/2 tl küüslaugupulbrit maitse järgi ja soola maitse järgi
- 2 untsi mozzarella juust ja 2 untsi. provolone juust
- 2 untsi riivitud parmesani juust
- 2 untsi õhukesteks viiludeks lõigatud kõva salaami, lõigatud ribadeks
- 2 untsi õhukeselt viilutatud mortadella, lõigatud ribadeks
- 4 untsi õhukesteks viiludeks lõigatud prosciutto, lõigatud ribadeks

**Juhised**

a) Sega kausis kokku oliivid, sibul, seller, küüslauk, värsked ürdid, kuivatatud pune, sool, must pipar ja õli.
b) Enne kasutamist katke kaanega ja jahutage.
c) Seadke oma ahi temperatuurini 500 kraadi F.
d) Pintselda pitsakoor õliga ning puista üle küüslaugupulbri ja soolaga.
e) Aseta pitsakoor ahjuresti peale ja küpseta kõike ahjus umbes 5 minutit.
f) Eemaldage kõik ahjust ja hoidke kõrvale, et see täielikult jahtuda.
g) Nüüd seadke ahi broilerile.
h) Sega kausis kokku kõik ülejäänud.
i) Lisa oliivisegu ja sega ühtlaseks.
j) Aseta segu ühtlaselt koorikule ja küpseta broileri all umbes 5 minutit.
k) Lõika roog meelepärasteks viiludeks ja serveeri.

## 68. Neljapäevaõhtune pizza

## Koostis

- 10 vedelikku untsi. soe vesi
- 3/4 teelusikatäit soola
- 3 supilusikatäit taimeõli
- 4 C. universaalne jahu
- 2 tl aktiivset kuivpärmi
- 1 (6 untsi) purk tomatipastat
- 3/4 C. vesi
- 1 (1,25 untsi) pakend taco maitseainesegu, jagatud
- 1 tl tšillipulbrit
- 1/2 tl Cayenne'i pipart
- 1 (16 untsi) purk rasvavabasid praeube
- 1/3 C. salsa
- 1/4 C. hakitud sibul
- 1/2 naela veisehakkliha
- 4 C. riivitud Cheddari juust

## Juhised

a) Lisa leivamasinas vesi, sool, õli, jahu ja pärm tootja soovitatud järjekorras.
b) Valige taignatsükkel.
c) Mõne minuti pärast kontrollige tainast.
d) Kui see on liiga kuiv ja ei segune aeglaselt, lisa 1 supilusikatäie kaupa vett, kuni see seguneb ja on mõnusa elastse taigna konsistentsiga.

e) Samal ajal sega väikeses kausis kokku tomatipasta, 3/4 pakist taco maitseainesegu, cayenne'i pipar, tšillipulber ja vesi.
f) Teises kausis sega omavahel salsa, praeoad ja sibul.
g) Kuumuta suur pann ja küpseta veisehakkliha, kuni see on täielikult pruunistunud.
h) Nõruta üleliigne rasv pannilt.
i) Lisa ülejäänud 1/4 pakist taco maitseainet ja väike kogus vett ning hauta paar minutit.
j) Eemaldage kõik tulelt.
k) Enne jätkamist seadke ahi temperatuurini 400 kraadi F.
l) Kui taignatsükkel on lõppenud, eemaldage tainas masinast.
m) Jagage tainas kaheks osaks ja asetage kaheks 12-tolliseks vormiks.
n) Määri igale taignale kiht oasegu, seejärel kiht tomatipastasegu, veiselihasegu ja cheddari juustu.
o) Küpseta kõike ahjus umbes 10-15 minutit, poole küpsetusaja pealt keerates.

## 69. Köögiviljade segapitsa

**Koostis**

- 1 supilusikatäit oliiviõli
- 1 (12 oz.) kott segatud köögivilju
- 1 (10 untsi) eelküpsetatud täistera pitsakoorik
- 1 C. valmistatud pitsakaste
- 1 unts. viilutatud pepperoni
- 1 C. riivitud mozzarella juust

**Juhised**

a) Enne millegi muu tegemist seadke ahi 450 kraadi F-le.
b) Kuumutage suurel mittenakkuval pannil õli keskmisel-kõrgel kuumusel ja küpsetage köögivilju umbes 10 minutit, aeg-ajalt segades.
c) Aseta pitsakoor küpsetusplaadile.
d) Määri pitsakaste ühtlaselt koorikule ja tõsta peale köögiviljasegu, pepperoni ja mozzarella juust.
e) Küpseta kõike ahjus umbes 10 minutit

## 70. Hamburgeri pitsa

## Koostis

- 8 hamburgeri kuklit, poolitatud
- 1 nael veisehakkliha
- 1/3 C. sibul, hakitud
- 1 (15 untsi) purk pitsakastet
- 1/3 C. riivitud Parmesani juust
- 2 1/4 tl Itaalia maitseainet
- 1 tl küüslaugupulbrit
- 1/4 tl sibulapulbrit
- 1/8 tl purustatud punase pipra helbeid
- 1 tl paprikat
- 2 C. riivitud mozzarella juust

## Juhised

a) Seadke ahi broilerile ja asetage ahjurest kütteelemendist umbes 6 tolli kaugusele.
b) Aseta ahjuplaadile kuklipooled, koorega pool allapoole ja küpseta kõike broileri all umbes 1 minut.
c) Nüüd seadke ahi temperatuurini 350 kraadi F.
d) Kuumuta suur pann keskmisel kuumusel ja küpseta veiseliha umbes 10 minutit.
e) Kurna üleliigne rasv pannilt välja.
f) Sega juurde sibul ja prae segades kõike umbes 5 minutit.

g) Lisa ülejäänud peale mozzarella juust ja kuumuta keemiseni.
h) Hauta aeg-ajalt segades 10-15 minutit.
i) Laota kuklid ahjuplaadile ning tõsta peale veiselihasegu ja mozzarella juust ühtlaselt.
j) Küpseta kõike ahjus umbes 10 minutit.

## 71. Pitsa koor

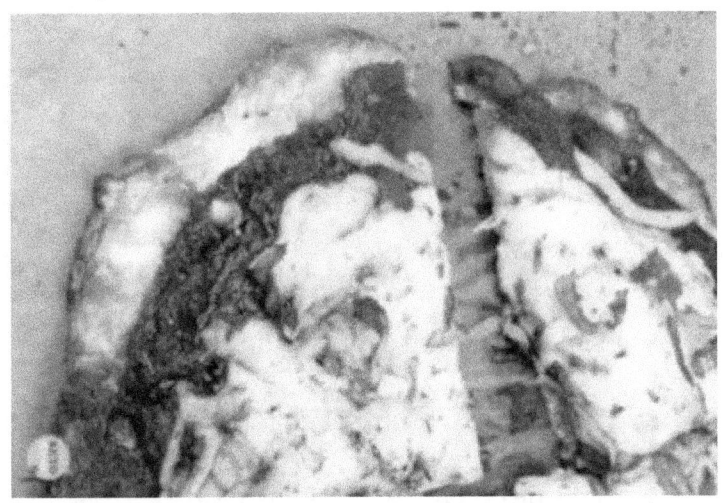

## Koostis

- 1 nael jahvatatud vorsti
- 2 (12 tolli) ettevalmistatud pitsakoort
- 12 muna
- 3/4 C. piim
- soola ja pipart maitse järgi
- 1 purk (10,75 untsi) sellerisuppi
- 1 (3 untsi) purki peekonitükid
- 1 väike sibul, hakitud
- 1 väike roheline paprika, tükeldatud
- 4 C. riivitud Cheddari juust

## Juhised

a) Enne millegi muu tegemist seadke ahi 400 kraadi F-ni.
b) Kuumuta suur pann keskmisel-kõrgel kuumusel ja küpseta vorsti täielikult pruuniks.

c) Tõsta vorst paberrätikuga kaetud taldrikule nõrguma ja seejärel murenda.
d) Samal ajal lisa kaussi piim, munad, sool ja must pipar ning klopi korralikult läbi.
e) Vahusta samas vorstipannil munad, kuni need on täielikult hangunud.
f) Aseta pitsakoorikud tagurpidi küpsiselehtedele ja küpseta kõike ahjus umbes 5-7 minutit.
g) Eemaldage koorikud ahjust ja keerake vastaspool üles.
h) Määri igale koorikule umbes 1/2 purki sellerisuppi.
i) Aseta igale koorikule 1/2 munasegust.
j) Aseta peekonitükid ühele pitsale ja teine pitsa peale murendatud vorsti.
k) Katke iga pitsa sibulate, paprikate ja 2 C juustuga.
l) Küpseta kõike ahjus, umbes 25-30 minutit.

72.    Roma Fontina pizza

## Koostis

- 1/4 C. oliiviõli
- 1 supilusikatäit hakitud küüslauku
- 1/2 tl meresoola
- 8 roma tomatit, viilutatud
- 2 (12 tolli) eelküpsetatud pitsakoort
- 8 untsi riivitud mozzarella juust
- 4 untsi hakitud Fontina juust
- 10 värsket basiilikulehte, hakitud
- 1/2 C. värskelt riivitud Parmesani juust
- 1/2 C. murendatud fetajuust

## Juhised

a) Enne millegi muu tegemist seadke ahi 400 kraadi F-ni.

b) Sega kausis kokku tomatid, küüslauk, õli ja sool ning jäta umbes 15 minutiks kõrvale.

c) Määri iga pitsakoor mõne tomatimarinaadiga.

d) Kõige peale lisa Mozzarella ja Fontina juust, millele järgneb tomatid, basiilik, parmesan ja fetajuust.

## 73. Vürtsikas spinati-kanapitsa

## Koostis

- 1 C. soe vesi
- 1 spl valget suhkrut
- 1 (0,25 untsi) pakend aktiivset kuivpärmi
- 2 supilusikatäit taimeõli
- 3 C. universaalne jahu
- 1 tl soola
- 6 viilu peekonit
- 6 supilusikatäit võid
- 2 küüslauguküünt, hakitud
- 1 1/2 C. raske koor
- 2 munakollast
- 1/2 C. värskelt riivitud Parmesani juust
- 1/2 C. värskelt riivitud Romano juust
- 1/8 tl jahvatatud muskaatpähklit
- 1/2 tl paprikat
- 1/4 tl Cayenne'i pipart
- 1/4 tl jahvatatud köömneid
- 1/4 tl purustatud kuivatatud tüümiani
- 1/8 tl soola
- 1/8 tl jahvatatud valget pipart
- 1/8 tl sibulapulbrit
- 2 nahata kondita kana rinnapoolikut
- 1 spl taimeõli
- 1 C. riivitud mozzarella juust
- 1/2 C. beebispinati lehti
- 3 supilusikatäit värskelt riivitud parmesani juustu

- 1 roma tomat, tükeldatud

**Juhised**

a) Lisage taignakonksuga varustatud suurde mikseri töönõusse vesi, suhkur, pärm ja 2 supilusikatäit taimeõli ning segage mitu sekundit madalal kiirusel.
b) Peatage mikser ja lisage jahu ja sool ning taaskäivitage mikser madalal kiirusel ja segage, kuni jahusegu on pärmiseguga täielikult segunenud.
c) Nüüd keera kiirus keskmisele madalale ja sõtku tainast masinaga umbes 10-12 minutit.
d) Puista tainast aeg-ajalt jahuga, kui see kausi külgede külge kleepub.
e) Vormi tainast pall ja aseta kõik võiga määritud kaussi ning keera tainast kausis mitu korda, et see õliga ühtlaselt kattuks.
f) Kata tainas rätikuga ja hoia soojas kohas vähemalt 30 minutit kuni 1 tund.
g) Kuumuta suur pann keskmisel-kõrgel kuumusel ja küpseta peekonit, kuni see on täielikult pruunistunud.
h) Tõsta peekon paberrätikuga kaetud taldrikule nõrguma ja tükelda.

i) Sulata suurel pannil või ja prae keskmisel kuumusel küüslauku umbes 1 minut.
j) Sega juurde koor ja munakollased ning klopi ühtlaseks.
k) Sega juurde umbes 1/2 C parmesani juustu, Romano juustu, muskaatpähkel ja soola ning lase tasasel tulel tasasel tulel podiseda.
l) Hauta pidevalt segades umbes 3-5 minutit.
m) Tõsta kõik tulelt ja jäta kõrvale.
n) Enne jätkamist seadke ahi temperatuurini 350 kraadi F.
o) Sega kausis tüümian, köömned, paprika, cayenne'i pipar, sibulapulber, 1/8 tl soola ja valget pipart.
p) Hõõru iga kanarinda üks külg vürtsiseguga ühtlaseks.
q) Kuumutage pannil kõrgel kuumusel 1 supilusikatäis taimeõli ja prae kanarinda vürtsidega poolelt umbes 1 minut.
r) Tõsta kana rinnad küpsetusplaadile.
s) Küpseta kõike ahjus umbes 5-10 minutit või kuni see on täielikult valmis.
t) Võta kõik ahjust välja ja lõika viiludeks.
u) Aseta pitsa tainas jahusele pinnale ja suru see alla, seejärel rulli lahti.
v) Aseta pitsakoor raskele ahjuplaadile.

w) Torka kahvliga mitu auku, koore sisse ja küpseta kõike ahjus umbes 5-7 minutit.
x) Eemaldage kõik ahjust ja asetage Alfredo kaste ühtlaselt koorikule, seejärel mozzarella juust, kanaviilud, spinatilehed, peekon ja 3 supilusikatäit parmesani juustu.
y) Küpseta kõike ahjus umbes 15-20 minutit.
z) Serveeri hakitud roma tomatite kattega.

74. Lihavõttepühade pitsa

## Koostis

- 1/2 naela lahtine Itaalia vorst
- oliiviõli
- 1 (1 nael) päts külmutatud leivatainast, sulatatud
- 1/2 naela viilutatud mozzarella juustu
- 1/2 naela viilutatud keedetud sinki
- 1/2 naela viilutatud provolone juustu
- 1/2 naela viilutatud salaamit
- 1/2 naela viilutatud pepperoni
- 1 (16 untsi) konteiner ricotta juustu
- 1/2 C. riivitud Parmesani juust
- 8 muna, lahtiklopitud
- 1 muna
- 1 tl vett

## Juhised

a) Kuumuta suur pann keskmisel kuumusel ja küpseta vorsti umbes 5-8 minutit.
b) Nõruta pannilt liigne rasv ja tõsta vorst kaussi.
c) Seadke ahi temperatuurini 350 kraadi F ja määrige 10-tolline vedruvahupann oliiviõliga.
d) Lõika 1/3 tainast pätsi küljest lahti ja hoia riide all kõrvale.

e) Vormige ülejäänud 2/3 taignast palliks ja asetage jahuga ülepuistatud pinnale ning rullige seejärel 14-tolliseks ringiks.
f) Asetage tainas ettevalmistatud vedruvormi pannile, lastes tainal rippuda 2 tolli ulatuses üle serva.
g) Asetage koorikule pool keedetud vorstist, seejärel pool mozzarella juustust, pool singist, pool provolone juustust, pool salaamit ja pool pepperonist.
h) Tõsta kõik peale ricotta juustu, seejärel pool Parmesani juustu ricotta peale, pool lahtiklopitud munadest.
i) Korrake kõiki kihte üks kord.
j) Rulli ülejäänud leivataignatükk 12-tolliseks ringiks.
k) Asetage tükk pitsapiruka peale, et moodustada pealmine koorik ja rullige, seejärel suruge alumine koor ülemise kooriku kohale, et täidis oleks tihendatud.
l) Klopi väikeses kausis lahti 1 muna veega ja määri piruka ülaosa munapesuga.
m) Küpseta kõike ahjus umbes 50-60 minutit või kuni kooriku keskele torgatud hambaork tuleb puhtana välja.

## 75. Super-Bowl pizza

## Koostis

- 3 kartulit, kooritud
- 6 viilu peekonit
- 1 (6,5 untsi) pakend pitsakoore segu
- 1/2 C vett
- 1/4 C. oliiviõli
- 1 supilusikatäis võid, sulatatud
- 1/4 tl küüslaugupulbrit
- 1/4 tl kuivatatud Itaalia maitseainet
- 1/2 C. hapukoor
- 1/2 C. Rantšo kaste
- 3 rohelist sibulat, hakitud
- 1 1/2 C. riivitud mozzarella juust
- 1/2 C. riivitud Cheddari juust

## Juhised

a) Enne millegi muu tegemist seadke ahi 450 kraadi F-le.
b) Torgake kartulid kahvliga mitu korda läbi ja asetage need ahjuplaadile.
c) Küpseta kõike ahjus umbes 50-60 minutit.
d) Eemaldage kõik ahjust ja jahutage, seejärel koorige need.

e) Kuumuta suur pann keskmisel-kõrgel kuumusel ja küpseta peekonit umbes 10 minutit.
f) Tõsta peekon paberrätikuga kaetud taldrikule nõrguma ja seejärel murenda.
g) Nüüd seadke ahi temperatuurini 400 kraadi F ja määrige pitsapann kergelt rasvaga.
h) Lisage suurde kaussi pitsakoore segu, õli ja vesi ning segage kahvliga, kuni see on hästi segunenud.
i) Tõsta tainas kergelt jahusele pinnale ja sõtku umbes 8 minutit.
j) Hoidke umbes 5 minutit kõrvale.
k) Vormige tainast lame ring ja asetage see ettevalmistatud pitsapannile, lastes tainal veidi üle serva rippuda.
l) Küpseta kõike ahjus umbes 5-6 minutit.
m) Sega suures kausis kokku kartulid, või, küüslaugupulber ja Itaalia maitseaine.
n) Sega väikeses kausis kokku hapukoor ja rantšo kaste.
o) Asetage hapukooresegu ühtlaselt koorikule ja lisage kartulisegu, seejärel peekon, sibul, mozzarella juust ja Cheddari juust.
p) Küpseta kõike ahjus umbes 15-20 minutit.

## 76. Lameleiva pitsa

## Koostis

- 1 supilusikatäit oliiviõli
- 6 krimini seeni, viilutatud
- 3 küüslauguküünt, hakitud
- 1 näputäis soola ja jahvatatud musta pipart
- 1 supilusikatäit oliiviõli
- 8 oda värsket sparglit, kärbitud ja 2-tollisteks tükkideks lõigatud
- 1/2 naela õunapuust suitsutatud peekon, lõigatud 2-tollisteks tükkideks
- 1 (12-tolline) ettevalmistatud pitsakoorik
- 3/4 C. valmistatud marinara kaste
- 1/2 C. riivitud mozzarella juust
- 1/2 C. riivitud Asiago juust

## Juhised

a) Enne millegi muu tegemist seadke ahi 400 kraadi F ja vooderdage küpsetusplaat fooliumiga.
b) Kuumuta suurel pannil keskmisel kuumusel 1 supilusikatäis õli ja prae seeni, küüslauku, soola ja musta pipart umbes 10 minutit.
c) Eemaldage kõik tulelt ja hoidke kõrvale.

d) Kuumutage teises suures pannil 1 supilusikatäis õli keskmisel kõrgel kuumusel ja küpseta sparglit umbes 8 minutit, aeg-ajalt segades.
e) Tõsta spargel kaussi.
f) Alanda kuumust keskmisele ja küpseta peekonit samal pannil umbes 10 minutit.
g) Tõsta peekon paberrätikuga vooderdatud taldrikule nõrguma.
h) Laota vormileivakoor ettevalmistatud ahjuplaadile.
i) Asetage marinara kaste ühtlaselt koorikule, seejärel seente segu, spargel, peekon, mozzarella juust ja Asiago juust.
j) Küpseta kõike ahjus umbes 12-15 minutit.

## 77. Varahommikune pizza

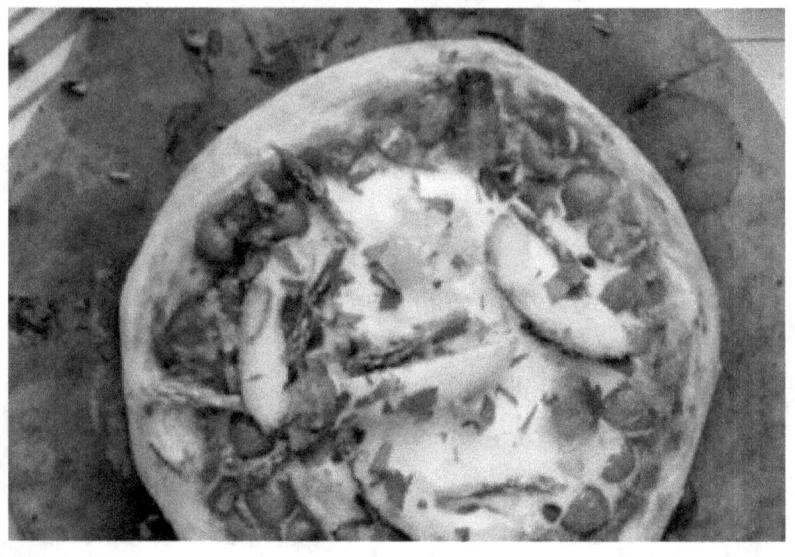

**Koostis**

- 1 nael jahvatatud sealihavorsti
- 1 (8 untsi) pakend jahutatud poolkuurullitainast või vastavalt vajadusele
- 8 untsi mahe Cheddari juust, riivitud
- 6 muna
- 1/2 C. piim
- 1/2 teelusikatäit soola
- jahvatatud must pipar maitse järgi

**Juhised**

a) Enne millegi muu tegemist seadke oma ahi temperatuurini 425 kraadi F.
b) Kuumuta suur pann keskmisel kuumusel ja küpseta veiseliha täielikult pruuniks.
c) Kurna üleliigne rasv pannilt välja.
d) Asetage poolkuu tainas võiga määritud 13x9-tollisele ahjuvormile.
e) Aseta vorst ja cheddari juust ühtlaselt poolkuurulli taignale.
f) Kata küpsetusnõu kilega ja hoia umbes 8 tundi kuni üleöö külmkapis.
g) Seadke oma ahi temperatuurini 350 kraadi F.

h) Lisa kaussi munad, piim, sool ja must pipar ning klopi korralikult läbi.
i) Aseta munasegu ahjuvormi ühtlaselt vorsti ja juustu peale.
j) Kata ahjuvorm veidi fooliumiga ja küpseta kõike ahjus umbes 20 minutit.
k) Nüüd seadke ahi enne jätkamist temperatuurini 325 kraadi F.
l) Tõsta ahjuvorm lahti ja küpseta kõike ahjus umbes 15-25 minutit.

## 78. Backroad Pizza

**Koostis**

- 1 nael veisehakkliha
- 1 (10,75 untsi) seenesupi kondenseeritud purk, lahjendamata
- 1 (12 tolli) eelküpsetatud õhuke pitsakoor
- 1 (8 untsi) pakend riivitud Cheddari juustu

**Juhised**

a) Enne millegi muu tegemist seadke oma ahi temperatuurini 425 kraadi F.
b) Kuumuta suur pann keskmisel kuumusel ja küpseta veiseliha täielikult pruuniks.
c) Kurna üleliigne rasv pannilt välja.
d) Asetage seenesupi koor ühtlaselt pitsapõhjale ja peale küpsetatud veiseliha, millele järgneb juust.
e) Küpseta kõike ahjus umbes 15 minutit.

## 79. Lastesõbralikud pitsad

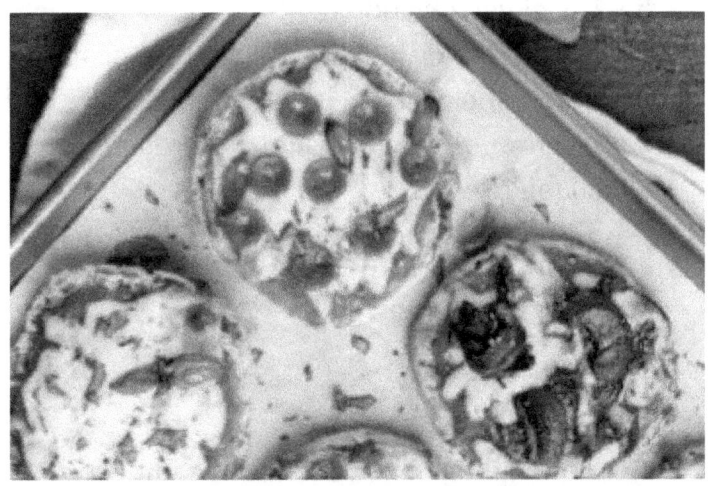

**Koostis**

- 1 nael veisehakkliha
- 1 nael värske jahvatatud sealihavorst
- 1 sibul, hakitud
- 10 untsi. Ameerika sulatatud juust, kuubikuteks
- 32 untsi. kokteil rukkileib

**Juhised**

a) Enne millegi muu tegemist seadke ahi 350 kraadi F-le.
b) Kuumuta suur pann ja küpseta vorsti ja veiseliha täielikult pruuniks.
c) Lisa sibul ja prae pehmeks ning nõruta pannilt liigne rasv.
d) Segage sulatatud juustutoit ja küpseta, kuni juust on sulanud.
e) Laota saiaviilud küpsiseplaadile ja tõsta igale viilule kuhjaga lusikatäis veiselihasegu.
f) Küpseta kõike ahjus umbes 12-15 minutit.

## 80. Pennsylvani stiilis pizza

## Koostis

- 1 (1 nael) külmutatud täisteraleiva tainas, sulatatud
- 1/2 C. tuhat saare kaste
- 2 C. hakitud Šveitsi juust
- 6 untsi deli viilutatud soolaliha, ribadeks lõigatud
- 1 C. hapukapsas – loputa ja nõruta
- 1/2 tl köömneid
- 1/4 C hakitud tilli hapukurki (valikuline)

## Juhised

a) Enne millegi muu tegemist seadke ahi 375 kraadi F ja määrige pitsapann.
b) Rulli leivatainast kergelt jahusel pinnal umbes 14-tollise läbimõõduga suur ring.
c) Tõsta tainas ettevalmistatud pitsapannile ja pigista servad kinni.
d) Küpseta kõike ahjus umbes 20-25 minutit.
e) Tõsta kõik ahjust välja ja tõsta peale pool salatikastmest, seejärel pool Šveitsi juustust, soolaliha, ülejäänud salatikaste, hapukapsas ja ülejäänud Šveitsi juust.
f) Laota peale ühtlaselt köömneid.
g) Küpseta kõike ahjus umbes 10 minutit.

h) Tõsta kõik ahjust välja ja tõsta peale hakitud hapukurk.

## 81. Petipiima pizza

## Koostis

- 1 nael veisehakkliha
- 1/4 naela viilutatud pepperoni vorsti
- 1 (14 untsi) purk pitsakastet
- 2 (12 untsi) pakki jahutatud petipiimaküpsise tainast
- 1/2 sibulat, viilutatud ja rõngasteks eraldatud
- 1 (10 untsi) purk viilutatud musti oliive
- 1 (4,5 untsi) purki viilutatud seeni
- 1 1/2 C. riivitud mozzarella juust
- 1 C. riivitud Cheddari juust

## Juhised

a) Seadke ahi enne millegi muu tegemist 400 kraadi F ja määrige 13x9-tolline küpsetusnõu.
b) Kuumuta suur pann keskmisel-kõrgel kuumusel ja küpseta veiseliha täielikult pruuniks.
c) Lisa pepperoni ja küpseta pruuniks ning nõruta pannilt liigne rasv.
d) Sega juurde pitsakaste ja tõsta kõik tulelt.
e) Lõika iga biskviit neljandikku ja laota ettevalmistatud ahjuvormi.

f) Aseta veiselihasegu ühtlaselt küpsistele ning tõsta peale sibul, oliivid ja seened.
g) Küpseta kõike ahjus umbes 20-25 minutit.

## 82. Worcestershire'i pitsa

## Koostis

- 1/2 naela lahja veisehakkliha
- 1/2 C. kuubikuteks lõigatud pepperoni
- 1 1/4 C. pitsakaste
- 1 C. murendatud fetajuust
- 1/2 teelusikatäit Worcestershire'i kastet
- 1/2 tl kuuma pipra kastet
- soola ja jahvatatud musta pipart maitse järgi
- toiduvalmistamise pihusti
- 1 (10 untsi) purki jahutatud biskviiditainast
- 1 munakollane
- 1 C. riivitud mozzarella juust

## Juhised

a) Enne millegi muu tegemist seadke ahi 375 kraadi F ja määrige küpsiseleht.
b) Kuumuta suur pann keskmisel-kõrgel kuumusel ja küpseta veiseliha täielikult pruuniks.
c) Tühjendage pannilt liigne rasv ja vähendage kuumust keskmisele tasemele.
d) Sega hulka pizzakaste, pepperoni, feta, terav piprakaste, Worcestershire'i

kaste, sool ja pipar ning prae segades umbes 1 minut.
e) Eraldage küpsised ja asetage ettevalmistatud küpsiseplaadile umbes 3 tolli kaugusel.
f) Klaasi põhjaga suruge iga küpsis, et moodustada 4-tolline ümmargune biskviit, mille välisserv on 1/2-tolline.
g) Lisa väikeses kausis munakollane ja 1/4 teelusikatäit vett ning klopi korralikult läbi.
h) Aseta igasse küpsisetopsi umbes 1/4 C veiselihasegust ja tõsta peale mozzarella juust.
i) Küpseta kõike ahjus umbes 15-20 minutit.

## 83. BBQ veiseliha pitsa

## Koostis

- 1 (12 untsi) pakend veiselihavorsti, lõigatud 1/4-tollisteks viiludeks.
- 2 (14 untsi) pakki 12-tollise suurusega Itaalia pitsakoor
- 2/3 C. valmis grillkaste
- 1 C. õhukeselt viilutatud punane sibul
- 1 roheline paprika, seemnetest, lõigatud õhukesteks ribadeks
- 2 C. riivitud mozzarella juust

## Juhised

a) Enne millegi muu tegemist seadke oma ahi temperatuurini 425 kraadi F.

b) Laota pitsakoorikud 2 küpsetusplaadile.

c) Määri grillkaste ühtlaselt igale koorikule, seejärel vorst, punane sibul, pipar ja mozzarella juust.

d) Küpseta kõike ahjus umbes 20 minutit.

## 84. Pizza Rigatoni

## Koostis

- 1 1/2 naela veisehakkliha
- 1 (8 untsi) pakend rigatoni pasta
- 1 (16 untsi) pakk riivitud mozzarella juustu
- 1 purk (10,75 untsi) tomatisuppi
- 2 (14 untsi) purki pitsakastet
- 1 (8 untsi) pakk viilutatud pepperoni vorsti

## Juhised

a) Keeda pasta suurel pannil kergelt soolaga maitsestatud keevas vees umbes 8-10 minutit.
b) Nõruta hästi ja jäta kõrvale.
c) Samal ajal kuumutage suurt panni keskmisel kõrgel kuumusel ja küpsetage veiseliha, kuni see on täielikult pruunistunud.
d) Kurna üleliigne rasv pannilt välja.
e) Asetage aeglasele pliidile veiseliha, seejärel pasta, juust, supp, kaste ja pepperoni vorst.
f) Seadke aeglane pliit madalale asendile ja küpseta kaane all umbes 4 tundi.

## 85. Mehhiko stiilis pizza

## Koostis

- 1 nael veisehakkliha
- 1 sibul, hakitud
- 2 keskmist tomatit, tükeldatud
- 1/2 tl soola ja 1/4 tl pipart
- 2 tl tšillipulbrit ja 1 sl jahvatatud köömneid
- 1 (30 untsi) purki praetud ube
- 14 (12 tolli) jahutortillat
- 2 C. hapukoor
- 1 1/4 naela riivitud Colby juustu
- 1 1/2 naela riivitud Monterey Jacki juustu
- 2 punast paprikat, seemnetest puhastatud ja õhukesteks viiludeks
- 4 rohelist paprikat, seemnetest puhastatud ja õhukesteks viiludeks
- 1 (7 untsi) purk tükeldatud rohelist tšillit, nõrutatud ja 3 tomatit, tükeldatud
- 1 1/2 C. hakitud keedetud kanaliha
- 1/4 C. võid, sulatatud
- 1 (16 untsi) purki Picante kastet

**Juhised**

a) Seadke ahi enne millegi muu tegemist 350 kraadi F ja määrige 15x10-tolline tarretisvorm.
b) Kuumuta suur pann keskmisel kuumusel ja küpseta veiseliha täielikult pruuniks.
c) Kurna üleliigne rasv pannilt välja.
d) Lisa sibul ja 2 tomatit ning küpseta pehmeks.
e) Segage praetud oad, tšillipulber, köömned, sool ja pipar ning küpseta, kuni see on täielikult kuumutatud.
f) Asetage 6 tortillat ettevalmistatud pannile nii, et servad jääksid hästi üle panni külgede.
g) Määri ubade segu ühtlaselt tortilladele, seejärel pool hapukoort, 1/3 Colby juustust, 1/3 Monterey Jacki juustust, 1 supilusikatäis rohelist tšillit, 1/3 rohelise pipra ribasid, ja 1/3 punase pipra ribadest ja 1/3 tükeldatud tomatist.
h) Asetage lisanditele 4 tortillat ja lisage ülejäänud hapukoor, seejärel rebitud kana, 1/3 mõlemast juustust, punane ja roheline paprika, tšilli ja tomatid.
i) Nüüd asetage 4 tortillat, seejärel ülejäänud juustud, paprika, tomatid, tšilli ja lõpetades veidi riivitud juustuga.

j) Pöörake üleulatuvad servad sissepoole ja kinnitage hambaorkidega.
k) Pintselda tortilla pinnad sulavõiga.
l) Küpseta kõike ahjus umbes 35-45 minutit.
m) Eemaldage hambaorkid ja hoidke enne viilutamist vähemalt 5 minutit kõrvale.
n) Serveeri koos Picante kastmega.

## 86. Vahemere pitsa

**Koostis**

- 2 tomatit, seemnetest puhastatud ja jämedalt tükeldatud
- 1 tl soola
- 8 untsi riivitud mozzarella juust
- 1 punane sibul, jämedalt hakitud
- 1/4 C. hakitud värsket basiilikut
- 1/2 tl jahvatatud musta pipart
- 2 supilusikatäit oliiviõli
- 3 värsket jalapeno paprikat, tükeldatud
- 1/2 C. viilutatud mustad oliivid
- 1/2 C. viilutatud värsked seened
- 1/2 C. pitsakaste
- 2 (12 tolli) eelküpsetatud pitsakoort
- 8 untsi riivitud mozzarella juust
- 1/4 C. riivitud Parmesani juust

**Juhised**

a) Seadke oma ahi temperatuurini 450 kraadi F.
b) Lisa võrgusõelas tomatid ja raputa ühtlaselt peale soola.
c) Hoidke kõike kraanikausis umbes 15 minutit, et see nõrguks.
d) Segage suures kausis kokku 8 untsi. mozzarella, nõrutatud tomatid, seened,

oliivid, sibul, jalapeño paprika, basiilik ja õli.

e) Asetage tomatikaste ühtlaselt mõlemale koorikule ja valage peale tomatisegu, seejärel ülejäänud mozzarella ja parmesani juust.

f) Küpseta kõike ahjus umbes 8-10 minutit.

87. Kõik paprikate ja sibulate pizza

## Koostis

- 8 untsi sealiha jahvatatud vorst
- 5 muna, kergelt lahtiklopitud
- 1 (12 tolli) ettevalmistatud pitsakoor
- 1 C. ricotta juust
- 1/4 C. hakitud punane sibul
- 1/4 C. hakitud värske tomat
- 1/4 C. hakitud punane paprika
- 1/4 C. hakitud roheline paprika
- 8 untsi riivitud mozzarella juust

## Juhised

a) Enne millegi muu tegemist seadke oma ahi temperatuurini 375 kraadi F.
b) Kuumuta suur pann keskmisel-kõrgel kuumusel ja küpseta vorsti täielikult pruuniks.
c) Tühjendage üleliigne rasv pannilt ja lisage munad, seejärel küpseta, kuni munad on täielikult hangunud.
d) Laota pitsapõhja pitsapannile ja tõsta peale ricotta juustu, jättes välimised servad alles.
e) Aseta vorstisegu ricotta juustu peale, seejärel sibul, tomat, punane ja roheline pipar ning mozzarella.

f) Küpseta kõike ahjus umbes 15 minutit.

## 88. ARMASTUS pizzat

**Koostis**

- 3 C. leivajahu
- 1 (0,25 untsi) ümbrikuga aktiivne kuivpärm
- 1 1/4 C. soe vesi
- 3 supilusikatäit ekstra neitsioliiviõli, jagatud
- 3 supilusikatäit hakitud värsket rosmariini
- 1 (14 untsi) purk pitsakastet
- 3 C. riivitud mozzarella juust
- 2 küpset tomatit, viilutatud
- 1 suvikõrvits, viilutatud
- 15 viilu taimetoidu pepperoni
- 1 (2,25 untsi) purk viilutatud musti oliive

**Juhised**

a) Lisage leivamasinas jahu, pärm, vesi ja 2 supilusikatäit oliiviõli tootja soovitatud järjekorras.
b) Valige säte Tainas ja vajutage nuppu Start.
c) Kui tsükkel on lõppenud, sõtku tainasse rosmariin.
d) Seadke oma ahi temperatuurini 400 kraadi F.
e) Jagage tainas kolmeks võrdseks osaks.

f) Vormige iga taignaosa umbes 1/2 tolli paksuseks südamekujuliseks ja katke iga osa ülejäänud oliiviõliga.
g) Määri igale pitsale ühtlaselt õhuke kiht pitsakastet ja kata peale juust, seejärel tomatid, suvikõrvits, pepperoni ja oliivid.
h) Küpseta kõike ahjus umbes 15-20 minutit.

## 89.     Kartuli Tofu pizza

## Koostis

- 4 kartulit, tükeldatud
- 1 keskmine sibul, riivitud
- 2 muna, lahtiklopitud
- 1/4 C. universaalne jahu
- 2 supilusikatäit oliiviõli
- 1 suvikõrvits, õhukesteks viiludeks
- 1 kollane kõrvits, õhukeselt viilutatud
- 1 roheline paprika, tükeldatud
- 1 sibul, õhukeselt viilutatud
- 2 küüslauguküünt, hakitud
- 6 untsi tahke tofu, murendatud
- 2 tomatit, viilutatud
- 2 supilusikatäit hakitud värsket basiilikut
- 1/2 C. tomatikaste
- 1 C. riivitud rasvavaba mozzarella juust

## Juhised

a) Enne millegi muu tegemist seadke ahi 425 kraadi F ja määrige 12-tolline küpsetusnõu.
b) Sega suures kausis kokku riivitud sibul, kartul, jahu ja muna ning aseta segu õrnalt vajutades ettevalmistatud ahjuvormi.
c) Küpseta kõike ahjus umbes 15 minutit.

d) Määri kartulikoor pealt õliga ja küpseta kõike ahjus umbes 10 minutit.
e) Nüüd asetage koorik broileri alla ja küpseta umbes 3 minutit.
f) Eemaldage koor ahjust.
g) Enne jätkamist seadke ahi uuesti temperatuurini 425 kraadi F.
h) Sega suures kausis kokku tofu, roheline pipar, kollane kõrvits, suvikõrvits, viilutatud sibul ja küüslauk.
i) Kuumuta suur nakkumatu pann ja prae tofusegu, kuni köögiviljad muutuvad pehmeks.
j) Sega väikeses kausis kokku basiilik ja tomatikaste.
k) Tõsta pool tomatikastmest ühtlaselt koorikule ja tõsta peale keedetud köögiviljad ja tomativiilud.
l) Määri peale ülejäänud kaste ühtlaselt ja puista peale juust.
m) Küpseta kõike ahjus umbes 7 minutit.

## 90. Kreeka pitsa

**Koostis**

- 1 supilusikatäit oliiviõli
- 1/2 C. kuubikuteks lõigatud sibul
- 2 küüslauguküünt, hakitud
- 1/2 (10 untsi) pakend külmutatud tükeldatud spinatit, sulatatud ja kuivaks pressitud
- 1/4 C. hakitud värsket basiilikut
- 2 1/4 teelusikatäit sidrunimahla
- 1 1/2 teelusikatäit kuivatatud pune
- jahvatatud must pipar maitse järgi
- 1 (14 untsi) pakend jahutatud pitsapõhja
- 1 supilusikatäit oliiviõli
- 1 C. riivitud mozzarella juust
- 1 suur tomat, õhukesteks viiludeks
- 1/3 C. maitsestatud leivapuru
- 1 C. riivitud mozzarella juust
- 3/4 C. murendatud fetajuust

**Juhised**

a) Enne millegi muu tegemist seadke ahi 400 kraadi F-ni.
b) Kuumuta suurel pannil 1 supilusikatäis õli ning prae sibulat ja küüslauku umbes 5 minutit.
c) Lisa spinat ja küpseta umbes 5-7 minutit.

d) Tõsta kõik tulelt ja sega kohe juurde pune, basiilik, sidrunimahl ja pipar ning jäta kõrvale, et veidi jahtuda.
e) Rulli pitsa tainas lahti suurel ahjuplaadil ja määri kõik ülejäänud 1 supilusikatäie oliiviõliga.
f) Aseta spinatisegu taignale, jättes äärtele väikese äärise.
g) Asetage 1 C mozzarella juustu spinati peale.
h) Sega kausis riivsai ja tomativiilud, kuni need on täielikult kaetud.
i) Asetage tomativiilud mozzarella juustu peale, seejärel ülejäänud 1 C mozzarella juustu ja fetajuust.
j) Küpseta kõike ahjus umbes 15 minutit.

## 91. Pitsa salat

## Koostis

### Koorik

- 1 3/4 C. universaalne jahu
- 1 ümbrik Pizza kooriku pärm
- 1 1/2 teelusikatäit suhkrut
- 3/4 teelusikatäit soola
- 2/3 C. väga soe vesi
- 3 supilusikatäit ekstra neitsioliiviõli

### Lisandid

- 1 supilusikatäit ekstra neitsioliiviõli
- 1/4 tl küüslaugupulbrit
- 2 C. riivitud mozzarella juust
- 1/4 C. hakitud sibul
- 1/4 C. hakitud või õhukesteks viiludeks lõigatud porgandid
- 4 C. hakitud rooma salat
- 1 C. hakitud värsked tomatid
- 1/4 C. valmistatud Itaalia salatikaste
- 1/4 C. riivitud parmesani juust

### Juhised

a) Enne millegi muu tegemist seadke ahi 425 kraadi F ja asetage rest ahju alumisse kolmandikku.
b) Määri pitsapann.

c) Suures kausis oleva kooriku jaoks lisage jahu, suhkur, pärm, õli ja soe vesi ning segage hästi.
d) Lisage aeglaselt ülejäänud jahu ja segage, kuni moodustub kergelt kleepuv tainas.
e) Aseta tainas jahusel pinnale ja sõtku, kuni tainas muutub elastseks
f) Asetage tainas ettevalmistatud pitsapannile ja vajutage seda.
g) Suruge sõrmedega servad kokku, et moodustada rand.
h) Määri koorik 1 supilusikatäie õliga ja puista üle küüslaugupulbriga.
i) Sega kausis omavahel porgand, sibul ja mozzarella juust.
j) Määri koorik ühtlaselt porgandiseguga ja küpseta kõike ahjus umbes 15-18 minutit.
k) Samal ajal sega kausis kokku ülejäänud.
l) Võta kõik ahjust välja ja hoia umbes 2-3 minutit jahedas.
m) Tõsta pitsa peale parmesani juustu segu ja serveeri kohe.

## 92. Magustoidu pizza

## Koostis

- 1 1/2 C. universaalne jahu
- 2 tl söögisoodat
- 1 tl soola
- 2 1/3 C. valtsitud kaer
- 1 C. võid
- 1 1/2 C. pakitud pruun suhkur
- 2 muna
- 1/2 tl vaniljeekstrakti
- 1 1/2 C. hakitud kookospähkel
- 2 C. poolmagusad šokolaaditükid
- 1/2 C. hakitud kreeka pähklid
- 1 C. kommikattega šokolaaditükid
- 1 C. maapähklid

## Juhised

a) Seadke ahi enne millegi muu tegemist 350 kraadi F ja määrige 2 (10-tollist) pitsapanni.
b) Sega suures kausis omavahel jahu, sooda ja sool.
c) Lisa teises kausis või, munad, fariinsuhkur ja vanill ning klopi ühtlaseks.
d) Lisa jahusegu võisegusse ja sega kõike, kuni kõik on hästi segunenud.

e) Murra sisse pähklid ja 1/2 C kookospähklit.
f) Jagage tainas kaheks osaks ja asetage iga osa ettevalmistatud pitsapannile, surudes kõik 10-tollisteks ringideks.
g) Küpseta kõike ahjus umbes 10 minutit.
h) Eemaldage kõik ahjust ja lisage sellele ülejäänud kookospähkel, šokolaaditükid, kommid ja maapähklid.
i) Küpseta kõike ahjus umbes 5-10 minutit.

## 93. Pikniku minipitsad

## Koostis

- 1/2 naela jahvatatud Itaalia vorst
- 1/2 tl küüslaugu soola
- 1/4 tl kuivatatud pune
- 1 C. purustatud ananass, nõrutatud
- 4 inglise muffinit, poolitatud
- 1 (6 untsi) purk tomatipastat
- 1 (8 untsi) pakk riivitud mozzarella juustu

## Juhised

a) Enne millegi muu tegemist seadke ahi 350 kraadi F ja määrige küpsetusplaat kergelt.
b) Kuumuta suur pann keskmisel-kõrgel kuumusel ja küpseta itaalia vorsti, kuni see on täielikult pruunistunud.
c) Nõruta liigne rasv ja tõsta vorst kaussi.
d) Lisa ananass, küüslauk, pune ja sool ning sega korralikult läbi.
e) Asetage inglise muffinipoolikud ettevalmistatud ahjuplaadile ühe kihina.
f) Määri muffinipoolikud tomatikastmega ning tõsta peale vorstisegu ja mozzarella juust.
g) Küpseta kõike ahjus umbes 10-15 minutit.

## 94. Troopiline kreeka pähkli pizza

## Koostis

- 1 valmis pitsakoor
- 1 supilusikatäit oliiviõli
- 1 (13,5 untsi) konteiner puuviljamaitseline toorjuustu
- 1 (26 untsi) purk mangoviilud, nõrutatud ja tükeldatud
- 1/2 C. hakitud kreeka pähklid

## Juhised

a) Küpseta pitsakoor ahjus vastavalt pakendile.
b) Määri koorik ühtlaselt õliga.
c) Määri koorikule toorjuust ning raputa peale hakitud mango ja pähklid.
d) Lõika soovitud viiludeks ja serveeri.

## 95.    Jõhvika-kana pizza

## Koostis

- 2 nahata kondita kana rinnapoolikut, lõigatud suupärasteks tükkideks
- 1 spl taimeõli
- 1 (12 tolli) ettevalmistatud pitsakoor
- 1 1/2 C. jõhvikakaste
- 6 untsi Brie juust, tükeldatud
- 8 untsi riivitud mozzarella juust

## Juhised

a) Seadke oma ahi temperatuurini 350 kraadi F
b) Kuumuta pannil õli ja prae segades kana täielikult küpseks.
c) Määri jõhvikakaste valmistatud pitsapõhjale ja tõsta peale kana, seejärel brie ja mozzarella.
d) Küpseta kõike ahjus umbes 20 minutit.

## 96. Magus ja soolane pizza

## Koostis

- 1 C. leige vesi
- 1 (0,25 untsi) ümbrikuga aktiivne kuivpärm
- 3 C. universaalne jahu
- 1 tl taimeõli
- 1 tl soola
- 8 kuivatatud viigimarja
- 1 keskmine punane sibul, õhukeselt viilutatud
- 1 supilusikatäit oliiviõli
- 1 näputäis soola
- 1 tl kuivatatud tüümiani
- 1 tl apteegitilli seemneid
- 4 untsi kitsejuust
- 1 supilusikatäis oliiviõli või vastavalt vajadusele

## Juhised

a) Lisa suurde kaussi vesi ja puista peale pärm.
b) Hoidke kõik mõneks minutiks kõrvale või kuni see on täielikult lahustunud.
c) Lisa jahu, sool ja õli ning sega kuni moodustub jäik tainas.

d) Tõsta tainas jahusel pinnale ja sõtku umbes 5 minutit.
e) Tõsta tainas võiga määritud kaussi ja kata köögirätikuga.
f) Jätke kõik umbes 45 minutiks kõrvale.
g) Lisa kaussi keeva veega viigimarjad ja hoia umbes 10 minutit kõrvale.
h) Nõruta viigimarjad ja tükelda need.
i) Samal ajal kuumuta pannil keskmisel kuumusel 1 supilusikatäis õli ja prae sibulad pehmeks.
j) Alanda kuumust madalaks ja maitsesta soolaga.
k) Prae segades veel umbes 5-10 minutit.
l) Sega juurde viigimarjad, tüümian ja apteegitilliseemned ning tõsta kõik tulelt.
m) Seadke ahi temperatuurini 450 kraadi F ja määrige pitsapann kergelt rasvaga.
n) Torgake pitsa tainas alla ja levitage 1/4-tollise paksuse ringina.
o) Aseta tainas ettevalmistatud pitsapannile ja pintselda pind kergelt ülejäänud oliiviõliga.
p) Määri viigimarjasegu ühtlaselt koorikule ja laota kõige peale täppidena kitsejuust.
q) Küpseta kõike ahjus umbes 15-18 minutit.

## 97. Sügisene Dijoni pizza

**Koostis**

- 1 eelküpsetatud pitsakoor
- 2 küüslauguküünt, hakitud
- 1 supilusikatäis Dijoni sinepit
- 2 oksa värsket rosmariini, hakitud
- 1/4 C. valge veini äädikas
- 1/2 C. oliiviõli
- 1/4 C. purustatud sinihallitusjuustu
- soola ja pipart maitse järgi
- 1/4 C. purustatud sinihallitusjuustu
- 1/3 C. riivitud mozzarella juust
- 2 pirni - kooritud, puhastatud südamikust ja viilutatud
- 1/4 C. röstitud kreeka pähkli tükid

**Juhised**

a) Enne millegi muu tegemist seadke oma ahi temperatuurini 425 kraadi F
b) Aseta pitsapannile pitsakoor.
c) Küpseta kõike ahjus umbes 5 minutit.
d) Eemaldage kõik ahjust ja hoidke kõrvale, et see täielikult jahtuda.
e) Köögikombainis lisa küüslauk, rosmariin Dijoni sinep ja äädikas ning puljongi, kuni need on segatud.
f) Kui mootor töötab, lisage aeglaselt õli ja pulseerige ühtlaseks.

g) Lisage umbes 1/4 C sinihallitusjuustu, soola ja pipart ning hautage, kuni see on segunenud.
h) Määri vinegrett ühtlaselt pitsapõhjale ja puista peale ülejäänud sinihallitusjuust ja seejärel mozzarella juust.
i) Kõige peale lisa pirniviilud ja seejärel röstitud kreeka pähklid.
j) Küpseta kõike ahjus umbes 7-10 minutit.

## 98. Gorgonzola võine pitsa

## Koostis

- 1/8 C. võid
- 2 suurt Vidalia sibulat, õhukeselt viilutatud
- 2 tl suhkrut
- 1 (10 untsi) pakend jahutatud pitsataignast
- 1 nael Gorgonzola juustu, purustatud

## Juhised

a) Suurel pannil sulatage keskmisel kuumusel või ja hautage sibulat umbes 25 minutit.
b) Sega juurde suhkur ja keeda pidevalt segades umbes 1-2 minutit.
c) Seadke ahi temperatuurini 425 kraadi F ja määrige pitsapann.
d) Tõsta tainas ettevalmistatud pitsapannile ja suru soovitud paksuseks.
e) Asetage sibulad ühtlaselt koorikule ja seejärel Gorgonzola.
f) Küpseta kõike ahjus umbes 10-12 minutit.

## 99. Rukola viinamarjapizza

## Koostis

- 16 untsi. eelnevalt valmistatud pitsa tainas
- 1/2 C. Pastakaste
- 1/2 C. riivitud täispiima mozzarella
- 1/2 C. hakitud provolone juust
- 1/4 C. kitsejuust, murendatud
- 1/4 C. piiniapähklid
- 10 punast viinamarja, poolitatud
- 1/4 C. rukola, peeneks hakitud
- 1 supilusikatäis kuivatatud rosmariini lehti
- 1 supilusikatäis kuivatatud pune
- 1/2 tl kuivatatud koriandrit

## Juhised

a) Enne millegi muu tegemist seadke ahi 475 kraadi F-le ja määrige küpsetusplaat.
b) Laota pitsatainapall ettevalmistatud ahjuplaadile ja tasandage taigna keskosa õhukeseks.
c) Kooriku läbimõõt peaks olema 12–14 tolli.
d) Sega kausis pastakaste, rukola, koriander ja pune.
e) Määri kastmesegu ühtlaselt taignale.

f) Asetage mozzarella ja provolone juustud ühtlaselt kastmele.
g) Kõige peale lisa viinamarjad, seejärel rosmariin, kitsejuust ja piiniaseemned.
h) Küpseta kõike ahjus umbes 11-14 minutit.

## 100. Prantsuse stiilis pizza

## Koostis

- 1 õhuke pitsakoor
- 2 C. pooleks viilutatud punased viinamarjad
- 1/2 naela Itaalia vorst, pruunistatud ja murendatud
- 6 untsi värske kitsejuust
- ekstra neitsioliiviõli
- sool ja pipar

## Juhised

a) Enne millegi muu tegemist seadke ahi 450 kraadi F-le.
b) Aseta pitsapõhja pitsapannile.
c) Pintselda koor õliga ning raputa peale soola ja musta pipart.
d) Asetage vorst pitsapõhjale, seejärel viinamarjad ja kitsejuust.
e) Küpseta kõike ahjus umbes 13-15 minutit.

## KOKKUVÕTE

Kui sulgeme "Pitsa kokaraamatu" lehekülgi, loodame, et olete saanud inspiratsiooni alustada lugematuid kulinaarseid seiklusi pitsa valmistamise vallas. Alates taignakunsti valdamisest kuni ainulaadsete maitsekombinatsioonide katsetamiseni on võimalused lõputud. Ükskõik, kas eelistate klassikalist Margheritat või julget BBQ-kana, pidage meeles, et pizza tõeline olemus peitub loomisrõõmus ja selle jagamises lähedastega.

Seega, ärge kartke olla loominguline, nihutada piire ja muuta iga pitsa ainulaadseks. Väikese harjutamise, kannatlikkuse ja kirglikkusega leiad end peagi valmistamas pitsasid, mis konkureerivad sinu lemmikpitsabaariga. Täname, et liitusite meiega sellel maitsval teekonnal ja täitku teie köök alati värskelt küpsetatud pitsa aroomiga.

Head isu!

www.ingramcontent.com/pod-product-compliance
Lightning Source LLC
Chambersburg PA
CBHW070502120526
44590CB00013B/729